Mes Impôts

Max DUTRAY
du *Journal*

MES IMPOTS

Ce que je dois faire
Ce que je dois payer
en 1927

En matière d'IMPOTS SUR LE REVENU

ALBIN MICHEL, ÉDITEUR
PARIS — 22, RUE HUYGHENS, 22 — PARIS

AUX CONTRIBUABLES

Ouvriers, employés, fonctionnaires, hommes de lettres, petits commerçants, petits industriels, etc., tous plus ou moins atteints par l'impôt, c'est à vous que s'adresse ce modeste opuscule.

On va souvent répétant dans certains milieux que le contribuable français s'acquitte mal de son devoir fiscal, se dérobe aux obligations que la loi lui impose. Or c'est là à notre avis une affirmation inexacte. Si le contribuable remplit mal son devoir, s'il ne se soumet parfois que médiocrement aux formalités qui lui incombent, c'est que sa bonne volonté fléchit, sa mentalité s'effondre sous le faix d'une fiscalité touffue, d'une complication extrême.

Depuis des années, en effet, sous l'influence des événements, l'arsenal de nos lois fiscales se renforce de jour en jour. Dès lors, comment le contribuable le plus consciencieux, le mieux intentionné, saurait-il, dans ce fatras de lois qui la plupart, se superposent, se modifient ou s'annulent les unes les autres, s'y reconnaître, discerner quels sont ses droits et ses devoirs?

L'ouvrage que l'auteur vous présente, conçu sous une forme succincte, mais précise, où souvent l'exemple suit la règle, est destiné à vous venir en aide, à faciliter votre tâche ainsi que la compréhension de vos impôts actuels. Il sera pour vous un guide sûr qu'il vous suffira de consulter pour connaître quels sont vos droits et quels sont vos devoirs à l'égard du fisc.

PRÉAMBULE

Ce qu'il faut savoir. — Le système d'impôts sur les revenus actuellement en vigueur en France comprend :

Tout d'abord une série d'impôts dits *impôts cédulaires* frappant séparément chaque espèce de revenus du contribuable.

Ensuite un impôt dit *impôt général* ou *global* frappant l'ensemble des ressources du redevable et se superposant aux impôts cédulaires.

Il résulte de ce fait, qu'un revenu quelconque se trouve dans le cas de supporter, d'abord *l'impôt cédulaire* établi sur la catégorie ou cédule à laquelle il appartient, puis ensuite *l'impôt général ou global,* puisque ce revenu constitue un des éléments des ressources globales servant de base à ce dernier impôt.

Quels sont les impôts cédulaires? — Les divers revenus dont peuvent disposer les contribuables ont été répartis de par la loi, en huit classes ou cédules dont voici la nomenclature :

— Revenus fonciers des propriétés bâties;

— Revenus fonciers des propriétés non bâties;

— Revenus des valeurs et capitaux mobiliers, des créances, dépôts et cautionnements;

— Bénéfices de l'exploitation agricole;

— Bénéfices industriels et commerciaux;

— Traitements, indemnités et émoluments, salaires, pensions et rentes viagères;

— Bénéfices des professions non commerciales;

— Bénéfices de l'exploitation minière.

Chacune de ces classes ou cédules de revenus est frappée d'un impôt spécial appelé *impôt cédulaire.*

En sorte qu'il existe autant d'impôts cédulaires qu'il y a de catégories ou cédules de revenus, c'est-à-dire :

1° Une contribution foncière des propriétés bâties;

2° Une contribution foncière des propriétés non bâties;

3° Un impôt sur les revenus des valeurs et

capitaux mobiliers, des créances, dépôts et cautionnements;

4° Un impôt sur les bénéfices industriels et commerciaux;

5° Un impôt sur les bénéfices de l'exploitation agricole;

6° Un impôt sur les traitements, indemnités, émoluments, salaires, pensions et rentes viagères;

7° Un impôt sur les bénéfices des professions non commerciales;

8° Un impôt sur les bénéfices de l'exploitation minière.

Impôt général sur le revenu. — A ces impôts vient se superposer un impôt dit « impôt général » qui frappe, ainsi qu'on l'a vu plus haut, l'ensemble des revenus.

Quel est le mode d'établissement et de fonctionnement de ces divers impôts et de l'impôt général? A quelles formalités et obligations sont astreints les contribuables du fait de l'application de ce régime d'imposition? C'est ce que nous allons exposer aussi succinctement et aussi clairement que possible.

CHAPITRE PREMIER

DES IMPOTS CÉDULAIRES

I. — Contribution Foncière des Propriétés bâties et des Propriétés non bâties.

Définition. — La contribution foncière est la plus ancienne des quatre contributions, les quatre vieilles (foncier, patente, personnelle-mobilière et portes et fenêtres) qui, jusqu'en 1914, ont constitué la base de notre système d'impôts directs.

Si elle subsiste encore aujourd'hui (alors que ses sœurs ont disparu) cela tient, d'une part, au degré de perfectionnement auquel l'avaient portée plus de cent années d'efforts, et d'autre part, au fait que, comme on le verra plus loin, son principe est précisément celui sur lequel repose tout le système des nouveaux impôts directs.

Avant d'esquisser la charpente générale de l'impôt, il est, croyons-nous, utile de donner quelques précisions quant aux documents qui servent de base à la contribution foncière et qu'il est indispensable de connaître.

Qu'est-ce que le cadastre? — La contribution foncière est établie d'après le *cadastre* qui est l'ensemble des documents donnant la description et l'estimation détaillée de chaque propriété.

Il se compose du *plan*, de *l'état des sections* et de la *matrice cadastrale*. Ces documents sont établis par commune. Il en existe toujours deux exemplaires, l'un (la minute) déposé à la Direction des Contributions Directes, au chef-lieu du département, l'autre, (la copie), conservé à la mairie.

Qu'est-ce que le plan? — Le *plan* est la représentation graphique du territoire, parcelle par parcelle. Il se présente sous la forme d'un atlas comportant un plus ou moins grand nombre de feuilles, de format grand-aigle en général. Chaque feuille comprenant *une section* ou une partie de section. Les parcelles sont représentées par leurs contours et portent chacune un numéro. Le numérotage est continu par section. Les parcelles bâties reçoivent une teinte spéciale.

Qu'est-ce que l'état des sections? — Au plan est annexé un *état des sections.* Cet état est la légende du plan, c'est-à-dire qu'il contient, section par section, la liste des parcelles du plan. Les sections y sont désignées par leur nom propre et, en outre, par une lettre de l'alphabet; elles sont inscrites dans l'ordre A, B, C, etc.

Dans chaque section les parcelles sont inscrites dans l'ordre croissant des numéros du plan; elles sont désignées par leur nom propre ou le lieu dit.

Chaque parcelle occupe une ligne sur laquelle se trouvent consignés : son nom et son numéro, ainsi qu'on vient de le dire et, en outre, sa nature de culture, le nom de son propriétaire, sa contenance, son revenu.

EXEMPLE : Section B, parcelle n° 10, le Bouton feuillut, pré, propriétaire Boismare Alfred, à Paris, contenance 1 hectare, 15 ares, 72 centiares, revenu cadastral 475 fr.

Qu'est-ce que la matrice cadastrale? — *La matrice cadastrale* n'est pas autre chose que la liste alphabétique des propriétaires de la commune, liste sur laquelle, à la suite du nom de chaque intéressé, se trouvent inscrites toutes les parcelles qui lui appartiennent. Là où les pages réservées à chaque propriétaire constituent un folio.

La matrice cadastrale est donc un dépouillement, par propriétaire, des indications de l'état des sections.

Il convient de signaler, dès à présent, que toutes les parcelles surbâties, c'est-à-dire sur lesquelles s'élève une construction, sont dépouillées dans une matrice cadastrale spéciale (matrice des propriétés bâties).

On comprend sans peine que l'état des sections donne, par simple addition, la superficie de la commune et le total de son revenu; la matrice cadastrale donne le montant du revenu de chaque propriétaire avec la contenance de sa propriété.

Les états des sections et les matrices cadastrales (propriétés bâties et non bâties) sont évidemment des registres très volumineux. Ils peuvent, ainsi que le plan, être consultés par les contribuables à la mairie. Des extraits peuvent même en être délivrés, moyennant le paiement de droits dont le tarif est arrêté par le Préfet.

Du revenu imposable. — Ainsi que nous venons de le voir, les documents du cadastre font connaître, par le détail, les propriétaires, les propriétés et les revenus.

Ils contiennent donc, en ce qui touche les immeubles, tous les renseignements nécessaires pour permettre d'atteindre, conformément à l'esprit de notre nouveau système fiscal, les revenus nets *réels* dans les mains des personnes qui en jouissent.

Nous ne parlerons pas ici des opérations dites « techniques » dont le résultat est, en fin de compte, de fournir une exacte désignation des propriétaires et une description détaillée des propriétés.

Par contre, nous allons tracer les lignes essentielles de la méthode d'après laquelle sont déterminés les revenus fonciers.

Les revenus inscrits aux matrices sont, *dans tous les cas, déduits* (1) de la *valeur locative réelle* des immeubles.

Ces revenus s'obtiennent en diminuant la dite *valeur locative* de 20 % pour les fonds de terre; de 25 % pour les maisons; et de 40 % pour les usines.

Dans la définition qui précède deux mots demandent à être expliqués : celui de *valeur locative réelle* et, surtout, celui de *déduits*

(1) « Sont déduits » est pris ici dans le sens de « résultent ».

qui ne présente, en lui-même, aucun sens exact.

La valeur locative est, comme son nom l'indique, le prix de loyer ou de fermage effectivement payé par le locataire au propriétaire.

Cette notion est assez claire pour n'avoir pas besoin d'être commentée.

Mais il est évident que tous les immeubles ne font pas l'objet de locations, et c'est là que commencent les difficultés qui se cachent sous le mot « déduits ».

Au point de vue de la détermination des revenus fonciers, une distinction est à faire, dès l'abord, entre les propriétés bâties et les propriétés non bâties.

A. *Pour les propriétés bâties*, lorsqu'il existe un acte de location, c'est effectivement le prix porté dans l'acte dont il s'agit qui, (sous déduction de 25 % ou de 40 % selon les cas (maison ou usine) sert de base à l'impôt.

Lorsqu'un tel acte n'existe pas, l'immeuble est évalué, soit :

par comparaison avec des bâtiments similaires faisant l'objet de locations;

soit, à défaut de termes de comparaison, *directement*, en estimant sa valeur vénale, (c'est-à-dire le prix auquel il pourrait être normalement vendu) et en appliquant à la dite valeur le taux courant d'intérêt des placements immobiliers dans la région.

Toutes les opérations susvisées sont effectuées dans chaque commune par le contrôleur des contributions directes assisté d'un conseil de *répartiteurs*. Elles sont périodiquement revisées pour tenir compte des variations subies par le cours des loyers, mais elles demeurent invariables dans l'intervalle qui sépare deux revisions.

La dernière revision a été faite au cours de l'année 1925; les résultats ont servi de base à l'impôt de 1926 et seront applicables aux années ultérieures.

B. *Pour les propriétés non bâties*, il est de toute évidence impossible d'appliquer le même mode de procéder que pour les propriétés bâties. Là, en effet, les immeubles, c'est-à-dire les parcelles dont il y a lieu de déterminer la valeur locative, sont infiniment nombreux, extrêmement divers et ne font que très rarement l'objet de locations spéciales.

Les baux à ferme concernent presque toujours des exploitations agricoles entières, c'est-à-dire qu'ils s'appliquent en bloc à des groupes importants de parcelles et en outre à des bâtiments et à des cheptels.

Il est donc à peu près impossible d'en dégager *à priori* des indications précises pour les différentes parcelles dont se compose une exploitation.

Dans ces conditions la valeur locative de chaque parcelle est évaluée directement et cela de la façon suivante :

Dans chaque commune le contrôleur des Contributions directes, assisté d'un conseil de classificateurs,

a) établit la nomenclature des natures de culture représentées dans la commune;

b) fixe pour chaque nature de culture un certain nombre de classes;

c) établit, pour chaque classe de chaque nature de culture un tarif provisoire à l'hectare;

d) attribue à chaque parcelle, au vu des lieux, sa nature de culture et sa classe;

e) effectue, pour toutes les propriétés louées le calcul de la valeur locative résultant des opérations *a, b, c, d* ci-dessus;

f) compare les résultats obtenus aux prix portés dans les baux et, après rectification s'il y a lieu, arrête le tarif des évaluations qui servira uniformément ensuite pour toute la commune.

La valeur locative obtenue par ce procédé,

diminuée de 20 % ainsi qu'on l'a déjà dit plus haut, constitue le revenu imposable inscrit au cadastre et qui sert finalement de base à l'impôt.

Les opérations d'évaluation qui viennent d'être très sommairement esquissées sont effectuées à l'occasion de l'établissement du cadastre. Elles sont ensuite, en principe, re-visées tous les vingt ans.

La première révision a été effectuée au cours des années 1908 à 1913, les résultats en ont été mis en vigueur en 1914; la prochaine sera vraisemblablement entreprise dans les années qui vont immédiatement venir, car la loi prévoit que les résultats devront en être appliqués en 1931.

Mise au point annuelle. — Les documents qui servent à l'assiette de l'impôt foncier, établis dans les conditions qui viennent d'être précisées, sont annuellement tenus au courant des mouvements de la matière imposable.

Cette mise au courant constitue chaque année un travail très important effectué par le service des contributions directes. Nous ne pouvons, ici, que le mentionner et dire qu'il consiste essentiellement à supprimer les propriétés disparues (démolitions, corrosions de terrains, etc...) ; à ajouter les nouvelles (constructions, agrandissements, alluvions, etc.) ; à *muter* les immeubles ayant changé de mains (ventes, donations, héritages, etc...).

Du taux et du montant de l'impôt. — Toute propriété bâtie ou non bâtie est imposée dans la commune où elle est située, au nom du propriétaire, ou, le cas échéant, au nom de l'usufruitier.

Le taux de l'impôt foncier est :

1° En ce qui concerne les *propriétés bâties* de 18 % du revenu cadastral, déterminé par les procédés qui viennent d'être décrits;

2° en ce qui concerne les *propriétés non bâties,* de 18 % du revenu cadastral préalablement majoré de 75 % (1).

Le taux de 18 % est net et ne comporte pas l'addition du double décime.

(1) On remarquera que le revenu cadastral envisagé pour servir de base à l'impôt varie suivant qu'il s'agit de propriétés bâties ou de propriétés non bâties. Pour les premières on applique le taux de 18 0/0 au revenu cadastral tel que l'indique la matrice; tandis que pour les secondes le revenu cadastral est majoré des 3/4. Cette différence de traitement tient à ce que la dernière révision des évaluations est terminée et appliquée depuis le 1er janvier 1926 en ce qui concerne les propriétés bâties, tandis qu'elle n'est pas encore effectuée pour les propriétés non bâties. Dès que les nouvelles valeurs locatives des propriétés non bâties seront prises pour base de l'impôt foncier, il n'y aura pas lieu de les majorer de 75 0/0.

Ainsi pour un propriétaire foncier possédant une maison dont le revenu cadastral est fixé à 3.600 fr., et un jardin attenant, dont le revenu cadastral est fixé à 17 fr. 86, les revenus basés de l'impôt foncier seront :

Pour la maison........................Fr. 3.600 »

Pour le jardin :

$17,86 + \frac{(17,86 \times 75)}{100} = 17,86 + 13,40 =$ .. 31,26

Il paiera au titre de la contribution foncière bâtie $\frac{3.600 \times 18}{100} =$.............. 648 »

Et au titre de la contribution foncière non bâtie $\frac{31,26 \times 18}{100} =$.................. 5,63

Il convient d'observer que l'application du taux de 18 %, telle qu'elle vient d'être indiquée ne donne pas le montant total de l'impôt réclamé au propriétaire.

Le 18 % dont il s'agit ne constitue en effet que *l'impôt foncier d'Etat*, autrement dit : « *la part* » *de l'Etat*.

Or, les revenus fonciers servent également de base aux impositions départementales et communales qui, en principe sont établies à un tant pour cent, variable chaque année, desdits revenus.

La totalité de l'impôt perçu au titre foncier contient *à la fois, la part de l'État*, et *celles des Départements et des Communes*.

Ces diverses parts ne sont pas mentionnées sur les feuilles d'avertissement, qui indiquent seulement les proportions entre les sommes revenant aux diverses collectivités (Etat, département, commune) et le montant total de l'impôt.

Réductions pour charges de famille. — Seule *la part de l'Etat* est réduite en proportion des *charges de famille* et d'après la règle commune applicable en cette matière à tous les impôts cédulaires (voir page 206). Toutefois, pour l'impôt foncier, ces réductions ne peuvent excéder 300 fr. par personne à charge.

Exemple. — Soit un propriétaire foncier dont le revenu cadastral est fixé pour une maison à 3.600 fr., et pour le jardin attenant à 17 fr. 86. Nous avons vu page 21 que ce dernier revenu, compte tenu de la majoration de 75 0/0 ressort, pour le calcul de l'impôt à 31 fr. 26. Supposons que le centime le franc de la contribution foncière (c'est-à-dire le nombre de centimes à payer pour 1 franc de revenu cadastral (1) soit 0,27966712 pour la propriété bâtie et 0,27917633 pour la propriété non bâtie.

Les contributions foncières totales (parts de l'Etat, du département et de la commune) s'établissent comme suit :

Pour la propriété bâtie :
3.600 × 0,27966712 = ...Fr. 1.006,80
Pour la propriété non bâtie :
31,26 × 0,27917633 =. 8,73

(1) Pour une commune donnée, le centime le franc est obtenu par l'administration, en divisant le montant total de l'impôt à recouvrer dans la commune par le revenu cadastral de tous les imposables. Le centime le franc est indiqué sur l'avertissement.

L'avertissement indique que pour les propriétés bâties 77 0/0 de l'impôt revient à l'Etat, 10 0/0 au département et 13 0/0 à la commune et que pour les propriétés non bâties 76 0/0 de l'impôt revient à l'Etat, 11 0/0 au département et 13 0/0 à la commune. Il sera donc aisé d'obtenir la part d'impôt revenant à chaque collectivité. Ainsi la part de l'Etat sera de :

$\frac{1.006,80 \times 77}{100}$ = 775 fr. 23 pour la propriété bâtie.

et de $\frac{8,73 \times 76}{100}$ = 6 fr. 63 pour la propriété non bâtie.

On remarquera que les parts d'impôts revenant à l'Etat indiquées par ce calcul sont supérieures à celles qu'on obtiendrait en multipliant les revenus imposables par 18 0/0. Cela tient à ce que des centimes additionnels sont ajoutés au profit de l'Etat, pour le couvrir de certains frais, comme par exemple les frais d'assiette de l'impôt.

Lorsqu'il s'agit d'évaluer les réductions d'impôts pour charges de famille, qui ne s'appliquent, comme on l'a vu, qu'à la part de l'Etat, on calcule cette dernière en appliquant au revenu cadastral, ou au revenu cadastral majoré de 75 0/0 (propriétés non bâties) le taux de 18 0/0. Dans le cas qui nous occupe les bases de réduction seraient de :

$\frac{3.600 \times 18}{100}$ = 648 fr. pour la propriété bâtie.

et de $\frac{31,26 \times 18}{100}$ = 5 fr. 63 pour la propriété non bâtie.

En admettant que le contribuable ait une personne à sa charge et que son revenu global soit supérieur à 10.000 francs (1), il aura droit à une réduction d'im-

(1) Pour voir exactement les conditions à remplir se reporter au chapitre Réduction d'impôts pour charges de famille page 206.

pôt de 5 0/0 sur les chiffres ci-dessus, soit :

$\frac{648 \times 5}{100} = 32$ fr. 40 pour l'impôt de la propriété bâtie.

et $\frac{5,63 \times 5}{100} = 0$ fr. 28 pour l'impôt de la propriété non bâtie.

Déductions pour dettes. — Seule *la part de l'Etat* peut aussi être réduite, sur demande, à raison des dettes hypothécaires ou autres, jusqu'à concurrence de la portion correspondant à un revenu foncier égal à l'intérêt de la dette de cette nature (voir page 200).

Déductions pour perte de revenu. — Par contre c'est l'impôt tout entier (part de l'Etat, des départements et des communes) qui peut être alloué en remise, dans tous les cas de perte de revenu indépendante de la volonté du propriétaire : Vacance de maison, chômage d'usine, pertes de récoltes par suite de grêle, inondations, etc...

Enfin, la démolition volontaire, totale ou partielle, d'un immeuble donne lieu à dégrèvement d'impôt, mais seulement, dans l'année suivant celle où cette démolition a eu lieu.

Exemptions. — Les exemptions ont pour motif : l'intérêt général, l'utilité publique ou le désir de favoriser l'agriculture.

Elles sont temporaires ou permanentes; elles diffèrent suivant qu'elles concernent les propriétés bâties ou les propriétés non bâties.

PROPRIÉTÉS BATIES

Exemptions temporaires

a) *Constructions nouvelles et additions de constructions.*

D'une manière générale, ces constructions ne deviennent imposables à la contribution foncière que la 3e année qui suit celle de leur achèvement; mais en vue de parer à la crise actuelle du logement, des lois récentes ont spécifié que pour les constructions nouvelles, entreprises depuis 1922, la période d'exemption sus-visée serait de 15 ans à la condition que les constructions en cours soient achevées avant 1931.

Pour bénéficier des exonérations ci-dessus, la construction doit avoir fait l'objet, dans les 4 mois de l'ouverture des travaux, d'une déclaration à la mairie. Il convient d'ailleurs de remarquer à cet égard que les demandes d'autorisation de bâtir régulièrement présentées, peuvent tenir lieu de la susdite déclaration.

b) *Habitations à bon marché.*

A condition d'avoir été déclarées dans les conditions qui viennent d'être spécifiées au paragraphe précédent, les habitations à bon marché sont exemptes d'impôt foncier pendant 12 ans (ce délai est porté à 15 ans jusqu'en 1931).

Pour avoir le caractère d'habitation à bon marché il faut et il suffit qu'une construction :

1° Soit salubre;

2° ne comporte pas de loyers supérieurs aux maxima fixés par la loi;

3° soit destinée à être occupée par des personnes peu fortunées.

Exemptions permanentes

Ces exemptions s'appliquent :

1° A toutes les propriétés bâties appartenant à l'Etat, aux départements, aux communes et aux établissements publics, si, d'autre part, elles remplissent la double condition d'être affectées à un service public, d'utilité générale et d'être *improductives de revenus.*

2° aux bâtiments ruraux, c'est-à-dire aux constructions servant à loger le bétail ou à serrer les outils et les récoltes.

PROPRIÉTÉS NON BATIES

Exemptions temporaires

Les exemptions temporaires ont toutes été inspirées par l'intérêt de l'agriculture et le souci de son dévelopement.

1° La cotisation des marais desséchés, ou des marais et lais de mer convertis en marais salants, ne peut être augmentée pendant les vingt-cinq années qui suivent celle de la transformation.

2° La cotisation des terres vaines et vagues, en cet état depuis quinze ans, qui sont mises en culture autre que celle des vignes, mûriers et autres arbres fruitiers, ne peut être augmentée pendant les 10 premières années qui suivent le défrichement; ce délai est porté à 20 ans, si elles on été plantées en mûriers, etc.;

3° La cotisation des terres en friche depuis 10 ans, qui sont plantées ou semées en bois, ne peut être augmentée pendant les 30 premières années de la plantation ou du semis;

4° Le revenu imposable des terrains déjà en valeur qui sont plantés en mûriers et autres arbres ne peut être évalué, pendant les quinze premières années de la plantation, qu'au taux de celui des terres d'égale valeur non plantées;

5° Le revenu imposable de tout terrain défriché, qui est ultérieurement planté ou semé en bois est réduit des trois quarts, pendant les trente premières années de la plantation ou du semis, quelle qu'ait été la nature du terrain avant le défrichement.

Dans tous les cas qui viennent d'être énumérés, il ne s'agit pas, à proprement parler, d'une exemption d'impôt, mais d'une atténuation de la charge fiscale que devraient normalement supporter les terrains dont il s'agit, à raison de leur productivité accrue.

Pour bénéficier de ces avantages, les propriétaires doivent, à peine de déchéance, présenter une réclamation dans la forme ordinaire, dès l'année qui suit l'exécution des travaux et dans les trois mois qui suivent la publication du rôle.

Le code forestier accorde une exemption totale d'impôt pendant trente ans, aux semis et plantations de bois sur le sommet et le penchant des montagnes, sur les dunes et dans les landes; en outre, les semis et plantations de bois effectués après incendie sont également exempts de tout impôt pendant une durée égale à l'âge des bois incendiés s'il n'est pas supérieur à 20 ans. La même faveur est faite aux bois créés pour la restauration et la conservation des terrains en montagne.

Les dispositions accordant des exemptions d'impôt foncier, dans les départements atteints par le phylloxéra, pour les terrains plantés ou replantés en vigne ont été récemment abrogées.

Exemptions permanentes

De même que pour les propriétés bâties, toutes les propriétés non bâties appartenant à l'Etat, aux départements, aux communes et aux établissements publics, sont exemptes d'impôts, à la double condition d'être affectées à un service d'utilité générale et d'être improductives de revenus.

En conséquence de ces principes, ne supportent aucun impôt : la voie publique sous toutes ses formes (rues, routes, places, ponts, etc., etc.); le domaine public improductif (parcs, jardins, rivières, canaux, etc., etc.).

Il n'y a que deux exceptions à ce principe : l'une qui affranchit les bois et forêts de l'Etat, même productifs de revenus, de la contribution foncière (*part de l'Etat*) et leur laisse seulement supporter les charges départementales et communales; l'autre qui affranchit indistinctement de l'impôt tous les sols, cours et dépendances immédiates des bâtiments, ces terrains étant évalués en même temps que la construction qui les recouvre et imposés avec elle.

Formalités à accomplir. — Pour l'établissement de l'impôt, le contribuable n'a aucune formalité à accomplir. Mais si la superficie de sa propriété s'est modifiée du fait de vente, de cession, d'héritage, etc., l'assujetti doit, si la mutation de cote n'a pas été effectuée par l'Administration, adresser une réclamation au préfet. (Voir : comment réclamer contre l'imposition, page 216.)

II. — Impôt sur le revenu des valeurs et capitaux mobiliers

Seul des impôts cédulaires, celui qui est établi sur le revenu des valeurs mobilières, sur les intérêts des créances, dépôts et cautionnements, est réglé et perçu par l'Administration de l'Enregistrement.

A) Revenu des valeurs mobilières proprement dites

Définition succincte de l'impôt. — L'impôt sur le revenu des valeurs mobilières est établi sur les arrérages, les dividendes ou les bénéfices distribués aux capitalistes par les sociétés ou les collectivités.

Quelles sont les valeurs soumises à l'impôt? — L'impôt frappe :

1° Le revenu des actions de toute nature et les obligations des sociétés, compagnies, entreprises quelconques, commerciales, civiles, industrielles ou financières;

2° Les intérêts des emprunts et des obligations émis par les départements, les communes, les colonies, les pays de protectorat et les établissements publics;

3° Les parts d'intérêt et les commandites dans les sociétés dont le capital n'est pas divisé en actions;

4° Les tantièmes, jetons de présence et rémunérations diverses des administrateurs de sociétés qui ne sont pas chargés des fonctions de directeur.

Exemptions. — Sont exonérés de l'impôt :

Dans les sociétés en nom collectif, les intérêts des parts des associés, ainsi que les intérêts des emprunts contractés par la société, même sous forme d'obligations;

Dans les sociétés en commandite simple, les

bénéfices des gérants commandités (par contre le revenu de la commandite est soumis à l'impôt) ;

Dans les sociétés à responsabilité limitée, les dividendes et autres produits attribués aux gérants;

Les revenus des parts d'intérêts, actions ou obligations de certaines associations d'aide mutuelle ou poursuivant un but social, telles, par exemple : les coopératives d'artisans ou d'ouvriers; les sociétés de crédit agricole et les coopératives agricoles; les sociétés et les offices publics d'habitations à bon marché; les banques populaires, les banques coopératives des sociétés ouvrières de production, les sociétés de crédit maritime; les sociétés de crédit mutuel; les caisses de crédit municipal; les sociétés de caution mutuelle, etc.

Sont également exonérés de l'impôt les rentes de l'Etat français (à l'exception des rentes 3 1/2 % amortissable 1914), les obligations du Trésor (à l'exception des obligations des chemins de fer de l'Etat et des obligations émises pour le service du budget autonome des Postes); les bons du Trésor; les bons de la Défense nationale; les annuités servies par l'Etat aux sinistrés; les obligations du Crédit National émises en contre-partie de prêts aux sinistrés; les obligations émises pour le service de la Caisse autonome d'amortissement à garantie constitutionnelle.

Cas particuliers. — Est passible de l'impôt sur les revenus mobiliers le montant des remboursements et amortissements totaux ou partiels que les sociétés, compagnies ou entreprises assujetties à l'impôt effectuent sur le montant de leurs actions, parts d'intérêts ou commandites, avant leur dissolution ou leur mise en liquidation.

L'impôt n'est pas dû si les sociétés prévoient dans leurs statuts l'amortissement obligatoire des actions. Il n'est également pas dû par les sociétés concessionnaires de l'Etat, des départements, des communes, colonies et protectorats, qui établiront que l'amortissement du capital social est justifié soit par le dépérissement progressif de l'actif social ou par obligation de remise du dit actif à l'autorité concédante.

Sont encore exempts de l'impôt, les remboursements d'actions faits exclusivement par réalisation d'une partie de l'actif; si les sommes nécessaires à l'amortissement des actions sont prélevées sur les bénéfices, les réserves ou les provisions, il y a lieu à taxation, mais à la liquidation de la société, la répartition de l'actif entre les porteurs d'actions de jouissance, sera considérée, jusqu'à concurrence du pair des actions primitives, comme un remboursement de capital non imposable.

Quel est le revenu imposable? — C'est le bénéfice net *distribué* aux capitalistes. En ce qui concerne les sociétés par actions, ce revenu est déterminé par les documents qu'elles sont tenues de remettre à l'Administration de l'Enregistrement. Il en est de même des sociétés soumises au droit de communication. Les sociétés en nom collectif ou en commandite simple sont présumées distribuer des bénéfices égaux à 8 % du capital social ou de la commandite; toutefois, si le bénéfice réel peut être établi par l'Administration ou la société, il sera substitué au bénéfice forfaitaire de 8 %.

Comment est perçu l'impôt? — L'impôt sur le revenu des valeurs mobilières est avancé au fisc par les sociétés ou les collectivités, à charge par elles de le récupérer sur les porteurs, lors de la distribution des bénéfices.

Taux de l'impôt. — Il s'élève à 18 %. Les primes de remboursement sont taxées au même taux.

Pour les lots, le taux est de 36 %.

Taxe de transmission. — A l'impôt sur le revenu s'ajoute la taxe de transmission. Cette taxe frappe les ventes de valeurs mobilières. A l'égard des valeurs essentiellement nominatives, le droit est de 1,08 % du cours moyen du titre pendant l'année précédente; le droit est perçu au moment de la vente ou du transfert. La conversion d'un titre nominatif en un titre au porteur donne lieu à l'application du tarif de 2,40 %.

En ce qui concerne les valeurs au porteur, dont la vente peut être aisément dissimulée, le droit est transformé en une taxe annuelle égale à 0,50 % du cours moyen de l'année précédente. L'impôt de transmission, retenu sur le coupon, présente le caractère d'une taxe additionnelle à l'impôt sur le revenu.

Valeurs étrangères. — Les sociétés ou les entreprises étrangères sont classées en deux catégories.

1° *Sociétés abonnées*. Rentrent dans cette catégorie, d'une part, les sociétés étrangères qui ont des titres cotés en Bourse, qui lancent des titres sur le marché français, qui ont en France un service financier; d'autre part, les sociétés qui exploitent des biens en France.

Pour ces sociétés, le nombre des titres circulant en France est évalué forfaitairement; il est fixé au minimum à 1/10 du nombre total de leurs actions et à 2/10 du nombre total de leurs obligations.

Elles sont tenues d'avoir en France un représentant, agréé par le ministre des Finances, responsable du montant des impôts, ou, à défaut, de constituer à la Caisse des Dépôts un cautionnement destiné à garantir le paiement des taxes pesant sur les titres.

Les valeurs abonnées sont soumises aux mêmes impôts que les valeurs françaises, savoir :

Le droit de timbre sur les actions et obligations;

L'impôt sur le revenu des valeurs mobilières de 18 %;

La taxe de transmission annuelle de 0,50 %; contrairement à ce qui a lieu pour les valeurs françaises, cette dernière taxe frappe toutes les valeurs étrangères abonnées, qu'elles soient au porteur ou nominatives.

Au regard du Trésor, et c'est de cette particularité que vient leur dénomination, les sociétés étrangères abonnées paient annuellement, ou autrement dit par abonnement, le montant des taxes qui viennent d'être énumérées, sur le nombre de titres admis forfaitairement comme circulant en France. Elles récupèrent ensuite l'impôt sur les porteurs.

2° *Sociétés non abonnées.* Sont ainsi appelées, les sociétés qui s'abstiennent d'effectuer en France les opérations caractérisant les sociétés abonnées. Ces sociétés n'ont pas en France de représentant responsable du paiement de l'impôt, et ne sont pas astreintes à un cautionnement. Les valeurs de ces sociétés, ainsi que les fonds publics étrangers, sont dits valeurs mobilières non abonnées.

Les valeurs non abonnées sont soumises une fois pour toutes à l'impôt sur le timbre des actions et obligations au tarif de 4 % de leur valeur nominale transformée en francs français. Cet impôt est dû, lors de la négociation, de la vente, de l'énonciation des titres non timbrés dans un acte public ou privé.

Les valeurs non abonnées ne paient pas la taxe de transmission; mais les changeurs qui se chargent du paiement des coupons, ou les contribuables eux-mêmes, s'ils font encaisser leurs coupons à l'étranger, sont astreints au paiement de la taxe sur le revenu au taux de 25 % de la valeur du coupon sans décimes. La taxe doit être payée soit par voie d'apposition de timbres sur le coupon ou sur le chèque qui en représente le montant, ou encore par voie de déclaration à l'enregistrement.

Les étrangers qui n'ont en France ni domicile, ni résidence fixe, sont exonérés des impôts dont il vient d'être question, sur production d'un certificat, appelé *affidavit*, délivré par l'agent diplomatique ou consulaire de leur résidence et faisant connaître leur situation exacte.

Bénéfices de change. — Lorsque les revenus des valeurs étrangères sont stipulés payables au choix du porteur, soit en francs, soit en monnaie étrangère appréciée, et que le porteur opte pour le paiement en monnaie étrangère, il réalise un bénéfice au change qui est soumis à l'impôt de 18 % sur le revenu des valeurs mobilières.

B) Revenu des créances, dépôts et cautionnements

Sont compris sous cette rubrique les revenus mobiliers qui ne sont pas visés dans la cédule des valeurs mobilières, c'est-à-dire, en général, les revenus des créances sur les particuliers.

Quels sont les revenus assujettis à l'impôt? — Ce sont les intérêts, arrérages et tous autres produits : 1° des créances hypothécaires, privilégiées ou chirographaires; 2° des dépôts de sommes d'argent, à vue ou à échance fixe, quel que soit le dépositaire et quelle que soit l'affectation du dépôt; 3° des cautionnements en numéraire.

Cas particuliers. — S'il s'agit d'un véritable compte-courant commercial, les intérêts dus, à chaque arrêté du compte, ne seront pas taxés à la cédule des créances; mais, il en sera tenu compte, en fin d'année, dans la cédule des bénéfices professionnels (bénéfices non commerciaux ou bénéfices industriels et commerciaux).

S'il s'agit d'une ouverture de crédit, consentie par un banquier ou un commerçant, les intérêts ne sont pas passibles de l'impôt sur le revenu des créances, mais ils seront compris, comme ci-dessus, en fin d'année, dans les bénéfices professionnels.

Par contre, si l'ouverture de crédit est consentie par un simple particulier, il s'agit dans ce cas d'un véritable prêt, dont les intérêts doivent supporter l'impôt sur les intérêts des créances. Il en sera de même pour les intérêts des comptes-courants ouverts par les banques à de simples particuliers : ces comptes ne sont, en réalité, que des comptes de dépôts, présentant les caractères de placements de fonds.

Exemptions. — Sont exonérés de l'impôt :

1° Les créances nées à l'occasion d'opérations commerciales, à condition qu'elles ne présentent pas le caractère juridique d'un prêt ;

2° Les intérêts des sommes inscrites sur les livrets de caisses d'épargne ;

3° Les intérêts des prêts sur gages consentis par les Monts-de-piété (Caisses de crédit municipal) ;

4° Les intérêts des prêts hypothécaires ou privilégiés consentis par les sociétés autorisées par le gouvernement à faire des opérations de crédit foncier (Crédit Foncier de France, par exemple), lorsque l'argent de ces prêts a été obtenu à l'aide d'émission d'obligations, titres ou valeurs mobilières soumis à l'impôt sur le revenu des valeurs mobilières ;

5° Les intérêts des prêts consentis ou des dépôts effectués par les sociétés, fondations, et offices publics d'habitations à bon marché, les sociétés de bains-douches ou de jardins ouvriers ;

6° Les intérêts des prêts consentis par les

Caisses d'épargne aux particuliers pour des buts d'utilité sociale;

7° Les intérêts des prêts contractés par les sinistrés de la guerre, et gagés par les titres nominatifs, inaliénables et non productifs d'intérêt qui leur sont délivrés par l'Etat.

Revenu imposable. — L'impôt est liquidé sur le revenu brut des créances des dépôts ou des cautionnements.

Taux de l'impôt. — Le taux est le même que celui de l'impôt sur le revenu des valeurs mobilières, soit 18 %.

Qui doit l'impôt? — Le droit est à la charge exclusive du créancier, toutefois les débiteurs sont responsables solidairement du payement.

Comment est acquitté l'impôt? — Par l'apposition de timbres mobiles sur la quittance, ou tout autre écrit constatant soit le payement des revenus, soit leur inscription au crédit d'un compte. S'il n'y a pas d'acte écrit, ou encore si le paiement des intérêts ou leur inscription au crédit d'un compte s'opère hors de France, il y a lieu de souscrire une déclaration chez un receveur de l'enregistrement, qui perçoit l'impôt sans délai.

Pénalités. — En cas de non-observation des règles prescrites pour la liquidation et le paiement de l'impôt, le créancier et le débiteur sont punis chacun d'une amende de 50 francs, qui, majorée du double décime et demi et du double décime, atteint 75 francs.

Le créancier est astreint en outre au paiement du quintuple des droits dont le Trésor a été privé pour chacune des années antérieures à celle de l'infraction et dans la limite maximum de dix ans.

Dispositions particulières. — L'inscription de privilège prise pour la garantie du prix de vente d'un fonds de commerce ne peut être radiée que s'il est justifié du paiement de l'impôt sur le revenu des créances, sur les intérêts de ce prix.

De même les inscriptions de tous autres privilèges, nantissements ou hypothèques, pris pour la garantie de créances productives d'intérêt, ne peuvent être radiées que s'il est justifié du paiement de l'impôt sur les intérêts des dites créances.

Les conservateurs des hypothèques, receveurs des douanes, greffiers des tribunaux de commerce qui contreviendraient à ces dispositions seraient passibles d'amendes s'élevant de 1.000 à 5.000 francs en principal.

Formalités à accomplir. — En ce qui concerne l'impôt sur le revenu des valeurs mobilières proprement dites, il est perçu par les établissements financiers au moment du paiement des coupons.

Le contribuable n'a donc aucune formalité à accomplir pour se libérer envers le fisc. Toutefois, lors de sa déclaration à l'impôt général sur le revenu, il doit mentionner sur ladite déclaration le montant net des sommes qu'il a touchées.

Pour ce qui est de l'impôt perçu sur les intérêts des créances, dépôts et cautionnements, il est perçu à l'aide de l'apposition de timbres mobiles sur *l'écrit* qui constate le paiement des intérêts.

Le contribuable n'a donc aucune autre formalité à accomplir, s'il y a *écrit*, que l'apposition et l'annulation des timbres. Par contre, s'il n'y a pas d'écrit, il doit souscrire une déclaration au receveur de l'Enregistrement. (Voir page 41 comment est acquitté l'impôt.)

Les intérêts des créances, dépôts et cautionnements constituent un des éléments du revenu global et doivent, par conséquent, figurer dans la déclaration à l'impôt général sur le revenu, mais pour le net seulement, c'est-à-dire impôt déduit.

III. — Impôt sur les bénéfices de l'exploitation agricole

Que faut-il entendre par bénéfices de l'exploitation agricole? — Les bénéfices de l'exploitation agricole embrassent d'une façon générale les profits résultant pour l'exploitant de la vente des produits de tous terrains propres à la culture : terres, prés, vignes, vergers, jardins, etc. Les produits de l'élevage, comme ceux de la culture proprement dite, rentrent également dans la catégorie des produits de l'exploitation agricole.

Définition succincte de l'impôt. — L'impôt sur les bénéfices de l'exploitation agricole frappe le revenu que l'exploitation des biens ruraux procure aux fermiers, aux métayers, aux colons partiaires. Il frappe également le revenu que le propriétaire exploitant tire de son domaine, déduction faite du prix que procurerait la location de ce dernier.

Bénéfices soumis à l'impôt. — Sont considérés comme bénéfices agricoles :

1° Les profits résultant de la vente des produits naturels du sol, ou de produits de la culture, récoltés sur toute propriété exploitée en France (céréales, plantes industrielles, fourragères, fruits, produits de serre, primeurs, fleurs, légumes, plants, champignons, etc.);

2° Les bénéfices de l'élevage; ainsi les produits de l'apiculture rentrent dans les bénéfices agricoles.

Un agriculteur qui achète du bétail pour le revendre sera taxé aux bénéfices agricoles, si la nourriture qu'il utilise pour cette industrie provient principalement de ses propriétés; si, au contraire, il achète cette nourriture, il sera passible de l'impôt sur les bénéfices commerciaux.

La même différence doit être faite entre l'agriculteur qui vend des produits (céréales, semences, fruits) provenant de son fonds, et celui qui revend des produits achetés.

Certains exploitants, au lieu de vendre soit les produits bruts du sol, soit des animaux, ne livrent que les produits résultant de leur transformation, exerçant ainsi une véritable industrie. La nature et l'importance de cette dernière auront parfois pour conséquence la taxation à la cédule des bénéfices industriels et commerciaux du revenu net qu'elles procurent.

Par exemple, un agriculteur qui vendrait de la farine, du malt d'orge, du sucre, au lieu de vendre le blé, l'orge et la betterave récoltés sur son exploitation, pourrait être taxé à la fois pour les bénéfices agricoles, en ce qui concerne la vente des produits bruts du sol, et pour les bénéfices industriels, car la transformation de blé en farine, d'orge en malt, de betterave en sucre n'est généralement pas effectuée par les entreprises agricoles.

Par contre, un agriculteur peut transformer en beurre le lait provenant de son élevage sans encourir une taxation supplémentaire.

Un fermier général qui afferme tout un domaine d'un seul ou de plusieurs tenants, et le sous-loue à des petits fermiers, est imposable pour ses bénéfices à la cédule des bénéfices non commerciaux; tandis qu'il est passible de l'impôt sur les bénéfices agricoles pour les locations faites à portions de fruits à des métayers.

Cas particuliers. — *Bois.* — Les propriétés boisées, exploitées pour la seule vente des coupes, ne sont assujetties qu'à l'impôt foncier. Mais lorsque ces propriétés comportent une exploitation accessoire (résine, osiers, écorces, fruits, liège, etc.), elles constituent des bois industriels, et sont passibles à la fois de l'impôt foncier et de l'impôt sur les bénéfices agricoles. En équité, les bois industriels ne devraient être soumis qu'à l'un des deux impôts et l'Administration, pour remédier à la double imposition, a prescrit de diviser le revenu de ces bois en deux parts, dont l'une, considérée comme la redevance due au propriétaire, est imposée à l'impôt foncier, et l'autre à l'impôt sur les bénéfices de l'exploitation agricole.

Terrains non cultivés. — Les revenus provenant de l'exploitation du sol par tout autre moyen que les cultures (carrières, ardoisières, sablières, tourbières, salins, salines, marais salants, terrains affectés à un usage industriel ou commercial) ne sont pas atteints par l'impôt sur les bénéfices de l'exploitation agricole. Ils paient, suivant les cas, soit l'impôt sur les bénéfices industriels ou commerciaux, soit l'impôt sur les bénéfices des professions non commerciales.

Terrains d'agrément. — Les parcs, jardins, avenues, pièces d'eau, lorsqu'ils ne sont pas mis en valeur par les procédés normaux de l'exploitation agricole et qu'ils sont réservés au pur agrément, supportent l'impôt sur les bénéfices de l'exploitation agricole.

Terrains à bâtir. — Il en est de même des terrains destinés à la construction.

Terrains de chasse. — Un terrain de chasse peut, soit être réservé pour l'exercice du droit de chasse du propriétaire, ou de tiers, à qui le droit de chasse a été affermé. Il peut encore présenter le caractère d'une véritable exploitation, par exemple lorsqu'il est clos, qu'il renferme des tirés, et que des aménagements spéciaux ont été prévus pour l'entretien et la protection du gibier.

Dans le premier cas, ces terrains ne paient que l'impôt foncier; dans le deuxième cas, c'est-à-dire s'il y a aménagement spécial, ils sont soumis à l'impôt foncier et à l'impôt sur les bénéfices agricoles.

Exemptions. — Ne sont pas soumis à l'impôt :

1° Les parcs et jardins compris dans la partie agglomérée des villes.

2° Les terrains d'agrément des particuliers, dont la superficie n'excède pas un hectare et dont le revenu imposable, c'est-à-dire la valeur locative multipliée par le coefficient dont il sera question ultérieurement, ne dépasse pas 100 francs; pour un même contribuable on ne considère pas séparément chaque terrain d'agrément; l'exonération n'est acquise que si *l'ensemble* de ses terrains d'agrément remplit les conditions indiquées.

3° Les terrains appartenant aux offices d'habitation à bon marché et destinés à la construction d'habitations à bon marché, de cités jardins, ou à l'aménagement de jardins ouvriers;

4° Les exploitations agricoles gérées pour le compte de l'Etat.

Qui doit l'impôt? — L'impôt est établi au nom des exploitants. Si le propriétaire cultive lui-même, la cote est fixée sur son nom; s'il a loué sa terre, le fermier supporte l'imposition; s'il a recours au métayage ou au colonat partiaire, l'impôt est établi à la fois au nom du propriétaire et au nom du métayer, au prorata de leur participation dans les produits de l'exploitation.

Les collectivités (établissements d'utilité publique, sociétés, associations, etc.) sont traitées au regard de l'impôt comme les particuliers.

En ce qui concerne les terrains d'agrément,

les terrains de chasse imposables, l'impôt est dû par celui du propriétaire ou du locataire qui a la jouissance des terrains.

Formalité à accomplir. — Pour que le fermier, le métayer, le colon partiaire puissent être imposés, il est nécessaire que le contrôleur soit avisé de leur existence. A cet effet, dans les trois mois des baux, de leur renouvellement ou de leur modification, le propriétaire fera connaître au contrôleur :

a) S'il s'agit d'un bail à ferme, le nom et les prénoms du fermier, la date de son entrée, la désignation de l'exploitation, ainsi que la désignation et le revenu cadastral des parcelles louées;

b) S'il s'agit d'un bail à portion de fruits ou d'un colonat partiaire, le nom et les prénoms du métayer, ou du colon, la date de son entrée, la désignation de l'exploitation; la part proportionnelle du propriétaire et du métayer dans les produits de l'exploitation.

A défaut de déclaration, l'impôt est assis au nom du propriétaire.

Lieu d'imposition. — L'impôt est dû dans la commune, siège de l'habitation principale de l'exploitant au 1er janvier de l'année de l'imposition.

Sauf dans le cas de métayage, l'impôt fait l'objet d'une cote unique par contribuable pour l'ensemble de ses exploitations.

Annualité de l'impôt. — Un contribuable est imposable pour le bénéfice tiré des parcelles qu'il exploitait au 1er janvier de l'année *précédant celle de l'imposition.* Ainsi un exploitant sera imposé en 1927 sur le revenu des terres qu'il tenait au 1er janvier 1926. S'il a changé d'exploitation pour la Saint Michel ou la Toussaint de 1926, par exemple, il n'en est pas moins imposable en 1927 pour les parcelles qu'il cultivait au 1er janvier 1926. Dans ce cas, si son bénéfice réel pour 1926 est moindre que le bénéfice forfaitaire pour lequel il sera imposé, il pourra, au reçu de l'avertissement, demander un dégrèvement, en apportant toutes justifications.

Il résulte de la règle précédente que ne doit pas être imposé pour une année donnée l'exploitant entré en fonctions après le 1er janvier de l'année précédente. Ainsi ne doit pas être imposé en 1927 l'exploitant entré en fonctions après le 1er janvier 1926.

Quand l'impôt est basé sur un bénéfice forfaitaire. — Le bénéfice imposable provenant de l'exploitation agricole est considéré comme égal à la valeur locative des terres exploitées, telle qu'elle résulte de l'évaluation cadastrale, *multipliée* par un coefficient fixé pour chaque nature de culture. Jusqu'à l'application de la revision de la propriété non bâtie, les coefficients dont il vient d'être question seront appliqués à la valeur locative cadastrale préalablement majorée de 75 %.

Coefficients. — A partir du 1er janvier 1927, les coefficients sont les suivants pour l'ensemble du territoire.

3 pour les terres, prairies, herbages, pâturages, vignes, vergers. cultures fruitières, etc., terrains à bâtir, terrains d'agrément, terrains de chasse spécialement agencés, etc.

2,50 pour les terres affectées à la culture du blé au cours de l'année antérieure à l'année d'imposition.

Ainsi, en 1927, le coefficient 2,50 s'appliquera aux terres semées en blé en 1926.

5 pour les bois industriels, les pépinières, les cultures maraîchères, florales ou d'ornementation.

Exemple — *Soit un exploitant dont le domaine se répartit suivant les indications de la 1re colonne du tableau ci-après. La 2e colonne indique les valeurs locatives de chaque élément du domaine telles qu'elles résultent du cadastre.*

Nature des Cultures (1)	Valeur locative cadastrale (2)	Majoration de 75 0/0 (3)	Total de la valeur locative cadastrale majorée de 75 0/0 (Total des colonnes 2 et 3) (4)	Coefficient (5)	Bénéfice agricole (6)
Terres.	3.500 fr.	2.625 fr.	6.125 fr.	3	18.375 fr.
Terres semées en blé. . . .	1.000 »	750 »	1.750 »	2,5	4.375 »
Herbages.	2.700 »	2.025 »	4.725 »	3	14.175 »
Jardins maraîchers.	800 »	600 »	1.400 »	5	7.000 »
Terrains d'agrément.	500 »	375 »	875 »	3	2.625 »
Chasse non aménagée. . .	1.200 »	non imposable aux bénéfices agricoles			»
Chasse close aménagée. .	748 »	561 »	1.309 »	3	3.927 »
Oseraie.	900 »	675 »	1.575 »	5	7.875 »
				Bénéfice agricole total. . . .	58.352 fr.

Formalités à remplir pour les terres à blé. — Pour obtenir le dégrèvement accordé aux terres semées en blé, c'est-à-dire l'application du coefficient 2,50 au lieu du coefficient 3, l'exploitant doit adresser au contrôleur, dans les deux premiers mois de chaque année, une déclaration faisant connaître la contenance et le revenu cadastral de celles de ses terres ayant porté du blé au cours de l'année précédente.

Taux de l'impôt. — Il est fixé à 12 % sans décimes. Il s'applique au bénéfice imposable tel qu'il va être défini.

Calcul de l'impôt. — Toutefois jusqu'à 2.500 francs de bénéfices agricoles, il y a exonération d'impôts. Un contribuable qui n'aurait, par conséquent, que 2.500 francs de bénéfices agricoles, n'aurait donc pas d'impôt à payer. Pour un bénéfice supérieur à 2.500 francs, le calcul s'effectue comme suit :

La fraction du bénéfice comprise entre 2.500 francs et 4.000 francs est comptée pour le quart;

La fraction du bénéfice comprise entre 4.000 francs et 8.000 francs est comptée pour la moitié et le surplus de 8.000 francs est compté pour la totalité.

Le bénéfice restant, après déduction des abattements qui viennent d'être énumérés, constitue le bénéfice agricole imposable.

Les terrains d'agrément (parcs, jardins d'agrément, pièces d'eau, les terrains spécialement aménagés en vue de la chasse), les terrains non cultivés destinés à la construction ne donnent pas lieu aux déductions qui viennent d'être indiquées.

EXEMPLE DE CALCUL DE L'IMPOT :

Prenons le cas du contribuable envisagé plus haut ayant un bénéfice agricole de 58.352 fr.

Nous commencerons par diviser son revenu en deux parts :

1re *part* : les bénéfices afférents aux immeubles ne donnant pas droit aux déductions et comptant pour la totalité.

Terrains d'agrément	2.625	»
Chasse close aménagée	3.927	»
Soit au total	6.552	»

2e *part* : les bénéfices afférents aux immeubles donnant droit aux déductions à la base :

Terres . . . Fr.	18.375	»
Terres à blé	4.375	»
Herbages	14.175	»
Jardins maraîchers	7.000	»
Oseraie	7.875	»
Total	51.800	»

Pour cette 2e part le bénéfice jusqu'à 2.500 fr. est exempté, il compte donc pour..........Fr. 0

La fraction comprise entre 2.500 fr. et 4.000 francs compte pour 1/4, soit

$4.000 - 2.500 = \frac{1.500}{4} =$ 375

La fraction comprise entre 4.000 et 8.000 fr. compte pour 1/2, soit :

$8.000 - 4.000 = \frac{4.000}{2} =$ 2.000

Le surplus soit 51.800 — 8.000 = 43.800 fr. compte pour la totalité, soit............. 43.800

Le bénéfice imposable afférent à la 2e part sera donc de........................ 46.175

Au taux de 12 0/0 le contribuable paiera au titre des bénéfices agricoles $\frac{6.552 \times 12}{100} =$ 786 fr. 24 pour la 1re part et $\frac{46.175 \times 12}{100} =$ 5.541 fr. pour la 2e part.

Soit au total : 6.327 fr. 24.

On notera que les déductions à la base ne se font que sur l'ensemble des bénéfices pouvant bénéficier de ces déductions; autrement dit, si un contribuable est imposé pour plusieurs exploitations les déductions légales ne s'appliquent pas à chaque exploitation mais à la masse desdites exploitations.

Quand l'impôt est basé sur le bénéfice réel. — En principe, l'impôt est toujours établi par le contrôleur d'après le bénéfice forfaitaire résultant du produit de la valeur locative par un coefficient déterminé. Toutefois, lorsque le bénéfice réel de l'exploitation pendant l'année antérieure à l'année de l'imposition n'atteint pas le bénéfice forfaitaire pris pour base de ladite imposition, l'exploitant peut, en apportant les justifications nécessaires, obtenir une réduction proportionnelle de l'impôt, et même la réduction totale si l'exploitation est déficitaire. La réclamation ne pourra être présentée qu'après la réception de la feuille d'avertissement, dans les trois mois suivant le mois de la publication du rôle; elle sera adressée au préfet ou au sous-préfet de l'arrondissement.

Comment déterminer le bénéfice réel? — *S'il s'agit d'un fermier,* le bénéfice réel est l'excédent des recettes totales de l'exploitation sur les dépenses supportées par l'exploitant, savoir :

Loyer du fonds et charges accessoires;

Intérêt des capitaux empruntés et engagés dans l'entreprise;

Salaires et gages des ouvriers agricoles;

Frais généraux d'exploitation;

Assurances diverses (incendies, prêts, mortalité du bétail, accidents du travail);

Amortissement du matériel agricole.

Impôts sur les bénéfices agricoles payés l'année précédente.

Si le propriétaire exploite lui-même, il opère comme le fermier, mais comme le loyer du fonds n'a pas de valeur certaine, il déduit aux lieu et place, la valeur locative cadastrale de l'exploitation.

S'il s'agit d'une exploitation à portion de fruits, l'évaluation du *bénéfice net* global du propriétaire et du métayer s'effectue comme dans les deux hypothèses précédentes.

Taxation d'après le bénéfice réel. — Le calcul de l'impôt s'effectue ici comme s'il s'agissait d'un bénéfice évalué forfaitairement.

Obligations du contribuable. — Si le revenu cadastral total des terrains exploités est inférieur à 2.500 francs, *le contribuable n'a pas de déclaration à faire.*

Mais si le revenu cadastral total des terrains exploités dépasse 2.500 francs, l'exploitant *est tenu de remettre à la mairie de son principal domicile une déclaration* indiquant les parcelles composant l'exploitation, avec leur contenance; les parcelles seront classées par nature de culture. On indiquera, par exemple, d'abord les terres, ensuite les prés, puis les jardins, les bois, etc.

Cette déclaration doit être faite avant le 1er février de chaque année. Elle demeure valable pour les années suivantes et n'a pas à être renouvelée, si les terres exploitées demeurent les mêmes et s'il n'intervient pas de modifications sensibles dans la nature des cultures. Il est donné reçu de la déclaration par la mairie, qui la transmet au contrôleur. *Si le propriétaire est exploitant, c'est lui-même qui fait la déclaration; s'il a loué ses terres, la déclaration doit être faite par le fermier. En cas de métayage, la déclaration est à la charge exclusive du propriétaire ou du fermier général.*

Lorsque la valeur locative des exploitations est supérieure à 2.500 francs, si le contribuable n'a pas fait de déclaration, il est invité par le contrôleur à en souscrire une dans un délai de vingt jours. Passé ce délai, il sera infligé à l'exploitant une pénalité consistant à appliquer à la valeur locative totale des biens exploités le plus élevé des coefficients fixés pour les principales natures de cultures de la région. Il va de soi qu'en cas de métayage ou de colonat partiaire, le propriétaire, seul tenu de déclarer, doit supporter seul l'augmentation d'impôt résultant de sa négligence ou de sa mauvaise volonté.

On rappellera pour mémoire les autres déclarations à souscrire par le propriétaire, en cas de bail à ferme, de métayage ou de colonat partiaire, et aussi les déclarations de terres ayant porté du blé. (Voir pages 50 et 54.)

Réductions d'impôt pour charges de famille. — La cédule des bénéfices agricoles donne lieu à des réductions d'impôt pour charges de famille. Pour le calcul de ces réductions, on se reportera à la règle énoncée page 206, qui s'applique sans modifications aux bénéfices agricoles. Il sera indiqué toutefois que la part d'impôt concernant *les terrains d'agrément* (somme de 786 fr. 24 dans l'exemple page 56) ne donne pas droit aux réductions pour charges de famille.

Mode de répartition de l'impôt entre le propriétaire et le métayer. — Voici comment s'effectue le mode de répartition de l'impôt entre le propriétaire et le métayer, dans le cas du bail à mi-fruits, par exemple.

Nous envisagerons l'exploitation visée à l'exemple de la page 55, dans laquelle le propriétaire conserve pour lui seul les terrains d'agrément considérés comme affectée d'un bénéfice forfaitaire de 6.552 fr. et partage avec le métayer les bénéfices du surplus de l'exploitation évaluée au total à 46.175 fr.

Calcul de l'impôt du métayer. — Le métayer paie pour un bénéfice forfaitaire de $\frac{46.175}{2}$ = 23.087 fr. 50.

Jusqu'à 2.500 fr. il est exonéré, son bénéfice jusqu'à cette somme compte pour . . 0

La fraction de bénéfice comprise entre

2.500 fr. et 4.000 fr. compte pour 1/4 soit :

$4.000 - 2.500 = \frac{1.500}{4} =$ .... 375 »

La fraction comprise entre 4.000 et 8.000 égale à 4.000 compte pour 1/2, soit 2.000 »

Le surplus soit 23.087,50 — 8.000, soit 15.087 fr. 50 compte pour la totalité ci. 15.087, 50

Son bénéfice imposable sera donc de.... 17.462, 50

Si à ce total de 17.462 fr. 50 nous appliquons le taux de l'impôt de 12 0/0, nous obtenons pour l'impôt du métayer :

$$\frac{17.462,50 \times 12}{100} = 2.095 \text{ fr. } 50.$$

Réductions d'impôt pour charges de famille. — Si par ailleurs le fermier n'a pas d'autres revenus que ceux qu'il tire de l'exploitation agricole envisagée, son revenu imposable au titre de l'impôt général sur le revenu sera égal à la somme de 17.462 fr. 50 diminuée des déductions auxquelles il peut prétendre pour situation et charges de famille; par exemple son revenu taxable sera de 5.462 fr. 50 s'il est marié et a trois enfants mineurs à sa charge.

Dans ce cas le revenu net global imposable, étant inférieur à 10.000 fr. (voir page 206 : Réductions pour charges de famille) le métayer aura droit sur l'impôt des bénéfices agricoles, à une réduction de 7,50 0/0 pour chacun des deux premiers enfants et de 15 0/0 pour le 3e, soit en tout 30 0/0.

La réduction d'impôt à laquelle il a droit au titre de ses bénéfices agricoles est donc de :

$$\frac{2.095,50 \times 30}{100} = 628 \text{ fr. } 65$$

Ce qui fait qu'en définitive il aura à payer :

2.095 fr. 50 — 628 fr. 65 = 1.466 fr. 85.

Impôt du propriétaire. — Si le propriétaire n'a que cette exploitation agricole, sa quote-part d'impôt se calculera comme celle du métayer. On rappellera néanmoins que les terrains d'agrément, etc., ne peuvent donner lieu ni aux déductions à la base, ni aux déductions pour charges de famille.

S'il a plusieurs exploitations, on fera le total des bénéfices agricoles, et l'impôt, ainsi que les déductions à la base et les réductions pour charges de famille sera calculé sur l'ensemble des revenus agricoles.

On observera que dans le cas de métayage on ne retranche pas des bénéfices du propriétaire pour le calcul de l'impôt, la valeur du fermage sur lequel le propriétaire paie déjà l'impôt foncier.

Dispositions diverses. — *Déménagement.* — *Vente.* — En cas de déménagement hors du ressort de la perception, ou en cas de vente, volontaire ou forcée, l'impôt est immédiatement exigible pour la totalité de l'année courante.

Réclamations. — Des réclamations relatives à l'impôt sur les bénéfices agricoles sont présentées, instruites et jugées comme en matière de contributions directes. (Voir page 216.)

Secret professionnel. — Les règles relatives au secret professionnel sont applicables en cas d'imposition d'après le bénéfice réel. (Voir page 205.)

Omissions. — Les omissions totales ou partielles constatées dans l'assiette de l'impôt sur les bénéfices agricoles peuvent être réparées jusqu'à l'expiration de la cinquième année au cours de laquelle l'imposition aurait dû être établie.

Fraudes. — (Voir page 214.)

IV. — Impôt sur les bénéfices industriels et commerciaux

Objet de l'impôt. — Cet impôt frappe les bénéfices *nets* des professions commerciales et industrielles.

Qui doit payer l'impôt? — Toute personne ou toute société exerçant, *en France*, une profession industrielle ou commerciale, est assujettie à l'impôt, pour les bénéfices *nets* résultant des entreprises exploitées *dans la métropole.*

Principales professions et entreprises soumises à l'impôt. — Sont soumis à l'impôt :

a) Les industries extractives, à l'exception de l'exploitation des mines;

b) Les industries de transformation (préparation des produits nécessaires à l'alimentation; industries chimiques; industries textiles et dérivées; travail des étoffes, des pailles, des plumes, des crins, des cuirs, des poils, des peaux, etc.; industries du papier, des cartons, du caoutchouc et de leurs succédanés; industries du bois; métallurgie; travail des métaux, des pierres, du verre et des terres à feu; constructions et terrassements; constructions de navires, etc.)

c) L'industrie des transports, qu'il s'agisse de transports terrestres, fluviaux ou maritimes proprement dits ou d'industries annexes (chargement, déchargement, etc.).

d) Les commerces dont l'objet est d'acheter et revendre toutes matières premières ou tous produits fabriqués;

e) Les commerces consistant à acheter des objets en vue d'en louer l'usage;

f) L'exploitation d'établissements destinés à fournir au public le logement, la nourriture, les soins personnels ou les distractions (hôtels, restaurants, bains, spectacles, etc.);

g) Les entreprises de commission et de courtage;

h) Les agences et bureaux d'affaires (agences de publicité, d'information, de location d'immeubles, de voyage, receveurs de rentes, régisseurs d'immeubles, agents d'assurances agissant comme intermédiaires libres, agences de vente d'offices ministériels, avocats-conseils);

i) La banque sous toutes ses formes et les assurances;

j) Les bénéfices des charges d'agents de change et de courtiers interprètes et conducteurs de navires;

k) Toutes professions, même non commerciales au sens du Code de commerce, comportant des opérations analogues à celles de professions dont le caractère commercial est incontestable. En cas d'hésitation sur le classement d'une profession au regard de l'impôt, le mieux est de s'adresser au Contrôleur des Contributions directes de sa circonscription.

Cas particuliers. — *Sont assujettis à l'impôt sur les bénéfices industriels et commerciaux :*

1° Les ouvriers travaillant chez eux, les artisans travaillant chez eux ou au dehors, les veuves de ces mêmes ouvriers ou artisans, les vendeurs ambulants, les mariniers, les chauffeurs et les cochers, les pêcheurs sauf dans les cas spéciaux prévus plus loin;

2° Les personnes ou les sociétés agissant comme intermédiaires pour l'achat ou la vente d'immeubles et de fonds de commerce, ou qui se livrent habituellement à l'achat de ces mêmes biens en vue de les revendre;

3° Les loueurs de villas et d'appartements meublés;

4° Les loueurs de chambres meublées, lorsqu'il s'agit d'établissements spécialement aménagés pour la location et comportant un personnel de service;

5° Les industries agricoles, rattachées à une exploitation agricole lorsqu'elles présentent le caractère d'industries distinctes, exercées généralement par d'autres personnes que les agriculteurs (brasserie, malterie, féculerie, distillerie, sucrerie, meunerie, fabrique de confitures, etc.). (Voir impôt sur les bénéfices agricoles.)

6° Les éditeurs de journaux et périodiques imprimant leurs publications;

7° Les exploitants de mines de sel;

8° Les sociétés coopératives de consommation lorsqu'elles possèdent des établissements, boutiques ou magasins pour la livraison des denrées, produits ou marchandises et ne remplissent pas les conditions susceptibles de les exonérer de l'impôt. (*V. Exemptions.*)

9° Les sociétés coopératives de production. (*V. Exemptions.*)

10° Les sociétés de crédit rural;

11° Les sociétés de crédit maritime mutuel;

12° Les groupements d'achats constitués entre industriels, commerçants pour se procurer l'outillage ou les matières premières.

Par contre sont assujettis à l'impôt sur les salaires et les traitements :

1° Les ouvriers travaillant chez eux, soit à la main, soit à l'aide de la force motrice, que leurs instruments de travail soient ou non leur propriété, *lorsqu'ils opèrent exclusivement à façon pour le compte d'industriels ou de commerçants*, avec des matières premières fournies par ces derniers, et lorsqu'ils n'utilisent pas d'autre concours que celui de leur femme, de leurs père et mère, de leurs enfants et petits-enfants habitant avec eux, d'un apprenti de moins de 16 ans et d'un compagnon;

2° Les artisans travaillant chez eux ou au dehors, qui se livrent principalement à la vente du produit de leur propre travail et qui n'utilisent pas d'autre concours que celui des personnes énumérées au paragraphe précédent.

En principe, l'artisan est celui qui exerce à ses risques et périls une industrie manuelle, travaillant lui-même comme ouvrier, en général avec des matières premières lui appartenant et exceptionnellement à façon. Il peut utiliser des machines, mais c'est le travail manuel qui joue le rôle prépondérant dans l'exercice de sa profession. En outre : l'artisan n'achète et ne travaille que des matières premières dont il a besoin pour faire face aux commandes qui lui sont faites ou qu'il peut prévoir; il ne se livre pas à une spéculation sur la matière première et tire son gain de son art (s'il y a spéculation sur la matière première, il devient commerçant); l'artisan ne réalise pas la vente de ses produits au moyen de procédés en usage dans le commerce, notamment il ne tient pas boutique; mais il va de soi, qu'on ne peut le considérer comme commerçant s'il expose dans son atelier des produits de sa fabrication.

3° La veuve de l'ouvrier et celle de l'artisan, travaillant dans les conditions prévues aux paragraphes 1er et 2e ci-dessus lorsqu'elles continuent la profession précédemment exercée par leur mari;

4° Les personnes qui vendent *elles-mêmes et pour leur compte,* en ambulance, dans les rues, dans les lieux de passage et les marchés, des marchandises de faible valeur ou de menus comestibles, à la condition que ces personnes soient munies d'autorisations administratives et que les marchandises destinées à la vente soient transportées autrement que par véhicule automobile ou que par voiture attelée;

5° Les mariniers propriétaires d'un seul bateau qu'ils conduisent et gèrent eux-mêmes;

6° Les chauffeurs et cochers propriétaires d'une ou de deux voitures qu'ils conduisent et gèrent eux-mêmes, à la condition que les deux voitures ne soient pas mises simultanément en service, qu'elles ne comportent pas plus de quatre places, et que les conditions de transport soient conformes à un tarif réglementaire;

7° Les pêcheurs se livrant *personnellement* à la pêche des poissons, crustacés, coquillages et autres produits de la mer ou d'eau douce;

8° Les rémunérations allouées sous quelque forme que ce soit aux personnes qui accompliront des actes de commerce *pour le compte d'autrui,* tels les commis, les facteurs ou gérants, les placiers, les commis voyageurs, les représentants, lorsqu'ils se bornent à vendre ou à acheter pour le compte ou au nom d'industriels ou de commerçants, dont ils exécutent les ordres, sont considérés comme des employés, même s'ils représentent plusieurs maisons. Certains représentants exercent en réalité un commerce de courtage; il en est ainsi lorsqu'ils ne sont liés par aucun engagement vis-à-vis de fournisseurs déterminés; dans ce cas leurs bénéfices sont passibles de l'impôt sur les bénéfices industriels.

9° Les tantièmes, jetons de présence et autres rémunérations par les sociétés industrielles, commerciales ou financières, aux administrateurs qui sont en même temps directeurs.

Sont assujetties à l'impôt foncier bâti, les locations d'immeubles effectuées par le propriétaire.

Sont assujettis à l'impôt sur les bénéfices des professions non commerciales:

1° Les bénéfices provenant de la sous-location d'immeubles par un locataire principal;

2° Les bénéfices des sociétés par actions et des sociétés à responsabilité limitée, à l'exclusion de celles qui s'occupent de transactions immobilières, qui, quoique commerciales juridiquement, ont un objet civil, par exemple l'enseignement privé;

3° Les revenus des professions libérales, des professions similaires, des charges et des offices (sauf les agents de change et les courtiers interprètes et conducteurs de navires qui sont commerçants).

4° Les revenus des représentants de commerce qui, liés par contrat à plusieurs maisons, peuvent être considérés, par la diversité des produits qu'ils offrent, comme de véritables entrepreneurs.

Sont assujettis à l'impôt sur les bénéfices agricoles :

1° Les bénéfices des sociétés par actions et des sociétés à responsabilité limitée ayant pour objet l'exploitation d'un domaine rural;

2° Les revenus tirés par un agriculteur de la vente de ses bestiaux et des produits *de son exploitation,* même si ces derniers ont été l'objet de transformations d'un usage courant en agriculture (lait transformé en beurre ou fromage).

Sont assujettis à la redevance des mines : Les revenus de l'exploitation des mines à l'exclusion des mines de sel.

Exemptions. — Sont affranchis de l'impôt :

1° Les Syndicats agricoles et les Sociétés coopératives de consommation qui se bornent à grouper les commandes de leurs adhérents et à distribuer dans leurs magasins de dépôts les denrées, produits ou marchandises qui font l'objet de ces commandes, ou, lorsque ne vendant qu'à leurs sociétaires, ils distribuent leurs bonis annuels soit aux dits sociétaires au prorata de leurs achats, soit à des œuvres d'intérêt général ou lorsqu'ils consacrent ces bonis, dans la limite maximum de 6 0/0 du capital social, à des réserves qui ne sont pas destinées à être réparties entre les porteurs d'actions.

Doivent être considérées comme des œuvres d'intérêt général, les œuvres de propagande corporative, une caisse de retraites, une caisse de secours; une bibliothèque, alors même que ces œuvres soient réservées aux membres de la Société;

2° Les sociétés de caution mutuelle et les banques populaires;

3° Les sociétés de crédit coopératives et les unions de sociétés de crédit coopératives d'artisans;

4° Les banques coopératives de sociétés ouvrières de production;

5° Les sociétés d'habitation à bon marché prévues par les lois des 12 avril 1906 et 5 décembre 1922;

6° Les sociétés de crédit immobilier de la loi du 10 avril 1908;

7° Les sociétés de bains-douches, les sociétés de jardins ouvriers;

8° Les offices publics d'habitations à bon marché;

9° Les sociétés agricoles de production ne

se livrant pas à des opérations industrielles. Ne doit pas être taxée la société se bornant à traiter en vue de la fabrication du beurre ou du fromage, le lait provenant des exploitations agricoles de ses membres; encore faut-il que les bénéfices soient répartis au prorata des quantités de lait fournies par chacun d'eux. Sous réserve de cette dernière condition, les sociétés agricoles suivent en la matière le sort des agriculteurs eux-mêmes.

Personnes imposables. — L'impôt est établi au nom de *chaque* exploitant français ou étranger pour *l'ensemble* de ses entreprises exploitées en France.

Une femme mariée commerçante est imposée à son nom. Si le mari et la femme exercent des commerces distincts, ils sont imposés séparément.

Dans les sociétés en nom collectif, chacun des associés est imposé personnellement pour la part de bénéfices sociaux correspondant à ses droits dans la société;

Dans les sociétés en commandite simple l'impôt est établi au nom de chacun des commandités, pour sa part respective de bénéfices et pour le surplus au nom de la société;

Dans les sociétés anonymes ou en commandite, les sociétés à responsabilité limitée et les sociétés coopératives soumises à l'impôt, ce dernier est établi au nom de la société.

Dans les sociétés en participation, l'impôt est établi en principe au nom du gérant, mais ce dernier peut, en apportant les justifications utiles, demander que l'impôt soit fixé sur chacun des associés, au prorata de sa part dans l'entreprise.

Bénéfices exonérés d'impôt. — La cédule des bénéfices industriels et commerciaux ne comporte plus, *ni d'abattement à la base, ni de déductions pour charges de famille : tout le bénéfice net est taxé.* Il est accordé, toutefois, après établissement de la cote, *des réductions d'impôt* pour charges de famille.

Ne sont pas imposables les bénéfices provenant d'établissements industriels et commerciaux situés à l'étranger, en Algérie, dans les colonies françaises ou les pays de protectorat. Dans la pratique, il est souvent malaisé de faire le départ entre les bénéfices procurés par ces exploitations, et celui des exploitations métropolitaines; aussi, la tenue d'une comptabilité particulière pour les entreprises situées hors de France est-elle à recommander, pour éviter toutes difficultés avec l'administration. Il va de soi que les entreprises situées à l'étranger sont passibles de l'impôt pour les bénéfices qu'elles réalisent en France.

Lieu d'imposition. — L'impôt est établi *au siège de la direction des entreprises* ou, à défaut (par exemple, quand ce siège est à l'étranger), au lieu du principal établissement.

Annualité de l'impôt. — L'impôt sur les bénéfices industriels et commerciaux est annuel. Il est assis, pour une année déterminée, sur les bénéfices réalisés du 1er janvier au 31 décembre de l'année précédente. Toutefois, lorsque la date choisie pour l'établissement du bilan de fin d'année ne coïncide pas avec le 31 décembre, l'impôt est assis sur les bénéfices réalisés pendant la période de 12 mois antérieure au dernier bilan. Sous ce régime, une exploitation commençant à fonctionner en avril 1926, par exemple, *et qui arrête sa comptabilité en avril* 1927, ne sera taxée qu'en 1928 pour sa première année d'activité, à condition cependant que l'exploitant, au début de 1927, fasse connaître au Contrôleur, *dans le délai imparti pour la déclaration*, la date de clôture de son exercice comptable.

Bénéfices imposables. — Le bénéfice imposable est le bénéfice *net*. En vertu du principe de l'imposition unique pour l'ensemble des établissements appartenant à un même contribuable, les bénéfices des diverses entreprises sont totalisés : les pertes des unes viennent ainsi en atténuation des bénéfices des autres.

Qu'est-ce que le bénéfice net? — Le bénéfice net, pour la période d'imposition, est l'excédent des recettes sur les dépenses d'exploitation au cours de la période envisagée.

Recettes. — Doivent être considérées comme recettes, non seulement toutes les sommes réellement perçues en paiement de marchandises ou de services, mais encore les créances certaines.

Dépenses. — Doivent être compris dans les dépenses, les frais et les charges supportés par l'exploitation, même s'il s'agit de sommes dont l'entreprise est débitrice.

Bénéfice brut. — L'excédent des recettes sur le prix des marchandises ou des matières premières, majoré des frais de commission, d'achat, de transport, d'assurance, de main-d'œuvre, des frais spéciaux de fabrication, constitue *le bénéfice brut* de l'entreprise.

A ce bénéfice doivent être ajoutées :

1° Les plus-values d'actifs réalisés au cours

de l'exercice dont on évalue les bénéfices. On notera toutefois que la plus-value d'un fonds de commerce, les lots ou primes de remboursement de titres appartenant à l'entreprise ne sont pas imposables.

2° La valeur de *l'accroissement* des stocks de matières premières, de marchandises ou de produits fabriqués, entre le premier jour et le dernier jour de l'exercice comptable. (Différence entre la valeur des stocks au 1er janvier et au 1er décembre si l'on a adopté l'année civile, ou entre le premier jour de l'exercice et le dernier jour si l'on adopte un exercice comptable autre que l'année civile.) L'imposition de l'accroissement des stocks résulte du fait que l'on doit considérer tous les bénéfices d'une année pour asseoir l'impôt; l'Administration estime que si certains d'entre eux ont été, même involontairement, transformés en stocks, l'impôt doit les frapper. Cette thèse, fondée en droit, est très discutable, car elle aboutit à soumettre deux fois à l'impôt (première fois l'année du stockage, deuxième fois l'année de la vente) les bénéfices qui n'ont pu être réalisés sur la vente avant la fin de l'exercice. Aussi, selon nous, elle devrait admettre comme correctif la déduction, aux exercices suivants, du bénéfice résultant de la réalisation des stocks qui ont déjà supporté l'impôt.

L'évaluation de la valeur des stocks peut donner lieu à des difficultés, étant donné l'instabilité de la monnaie, mais il semble admis que, s'il n'y a pas accroissement en quantité, il ne saurait y avoir accroissement de stocks.

Comment passer du bénéfice brut au bénéfice net. — On déduira du bénéfice brut les frais généraux qui intéressent l'entreprise, à l'exclusion des dépenses ou des charges personnelles de l'exploitant.

Quelles sont les dépenses à déduire? — Les appointements et les salaires des employés, qu'ils soient alloués en espèces, en nature, sous forme de participation aux bénéfices ou de gratifications; — les commissions et courtages de vente; — les frais d'expédition, de correspondance; — les frais de bureau, de publicité; — les frais de voyage; — les frais d'achat et d'entretien des automobiles nécessaires à l'exploitation; — les dépenses d'entretien du matériel et du mobilier; — les frais d'éclairage et de chauffage; — les assurances diverses; — même lorsque l'exploitant est son propre assureur, mais, dans ce cas, il ne peut déduire au maximum que le montant des primes que lui réclamerait une compagnie d'assurances; — les impôts afférents à l'entreprise, etc.

Cas particuliers. — *Loyers.* — Si les immeubles affectés à l'exploitation et le matériel *n'appartiennent pas à l'exploitant,* leur loyer doit être déduit du bénéfice brut. Dans le cas contraire, on déduira :

1° Le revenu net, c'est-à-dire la valeur locative cadastrale des immeubles imposables à la contribution foncière;

2° Les charges grevant lesdits immeubles (entretien, assurance, amortissement, impôt foncier, etc.). Ces charges seront généralement comprises en comptabilité dans les frais généraux.

Capitaux. — S'ils appartiennent à l'exploitant (exploitant seul, ou société de personnes telle que société en nom collectif, société en commandite, simple ou par actions), l'intérêt qui leur est attribué est considéré comme bénéfice imposable et ne peut être déduit du bénéfice brut. S'ils ont été empruntés, leur intérêt peut être déduit du bénéfice brut.

Salaires et tantièmes. — Celui qui exploite seul ne peut déduire son salaire du bénéfice brut. Il ne peut non plus déduire le salaire de sa femme et de ses enfants que si ceux-ci occupent effectivement, dans l'entreprise, un poste d'employé ou d'ouvrier.

Des associés (nom collectif, commandite) ne peuvent déduire leur salaire du bénéfice imposable. Ils peuvent, par contre, déduire les rémunérations ou tantièmes qu'ils reçoivent au même titre que les personnes qui n'ont pas la qualité d'associées.

En ce qui concerne les sociétés anonymes, peuvent être retranchés du bénéfice brut :

1° Les tantièmes servis au personnel ne faisant pas partie du Conseil d'administration;

2° Les tantièmes servis à l'administrateur-directeur pour rémunérer son travail de direction;

3° Les jetons de présence alloués au Conseil d'administration, ainsi que les tantièmes alloués indistinctement à tous les membres du Conseil d'administration, ne peuvent être déduits.

Dans les sociétés à responsabilité limitée, la rémunération des gérants et des associés est imposable, non à la cédule des bénéfices commerciaux, mais à la cédule des traitements et salaires.

Pensions. — Les pensions servies par l'exploitant ainsi que les sommes versées à un organisme de retraites légalement constitué peuvent être déduites. Mais les sommes versées à un fonds de retraite dont l'exploitant conserve la disposition sont imposables.

Réserves. — Toutes les réserves, quelle qu'en soit l'appellation (légale, facultative, statuaire, extraordinaire), doivent être maintenues au bénéfice imposable.

Amortissement. — Les sommes prélevées sur les bénéfices à l'effet de permettre la reconstitution des éléments d'actif susceptibles de diminuer de valeur avec le temps et l'usage (immeubles, matériel, mobilier, brevets d'invention, modèles d'industrie, etc.) constituent le fonds d'amortissement.

Il est d'usage de consacrer annuellement à l'amortissement 5 0/0 de la valeur des immeubles et 10 0/0 de la valeur du matériel. Ces taux n'ont rien d'absolu et peuvent être élevés par exemple à 20 ou 25 0/0 s'il s'agit d'un outillage à usure rapide.

L'amortissement peut être retranché du bénéfice imposable, mais jusqu'à ce jour l'Administration n'a admis en déduction que l'amortissement *basé sur le prix de revient* de l'élément à amortir; elle considère qu'au delà de cette évaluation l'amortissement doit être tenu pour une mise en réserve.

Peuvent être déduits, les amortissements prévus pour compenser la partie résultant de créances irrécouvrables, mais seulement lorsque l'insolvabilité du débiteur est établie.

Les provisions pour créances litigieuses ou en prévision d'une perte *probable,* sont également déductibles, mais si l'éventualité qui les a motivées ne se produit pas, elles rentrent dans le bénéfice imposable.

Amortissement d'obligations. — Les sommes prélevées sur les bénéfices en vue du remboursement des capitaux empruntés par voie d'obligations ne peuvent être déduites.

Amortissement d'actions. — Les sommes affectées à un amortissement de l'espèce prélevée sur les bénéfices ne peuvent être déduites.

Impôts. — Peuvent être déduits les impôts effectivement payés au cours de la période pour laquelle on recherche le bénéfice imposable. Il peut arriver que, par suite de retard dans la publication des rôles, le contribuable ne soit pas en mesure de payer ses impôts avant la clôture de ses écritures annuelles; il en résulterait, si la déduction du chef des impôts était importante, une surcharge sensible de l'impôt général sur le revenu, surcharge qui, étant donné le caractère progressif de ce dernier impôt, ne pourrait pas être compensée l'année suivante. Pour obvier à cet inconvénient, l'Administration autorise la déduction des impôts dus et non encore payés, lorsqu'elle n'a pu, en temps utile, faire procéder à la distribution des avertissements.

Il est rappelé que, seuls, peuvent être déduits les impôts à la charge exclusive de l'entreprise (patente, taxe spéciale sur le chiffre d'affaires, impôt sur le chiffre d'affaires, droits de douane, d'enregistrement, taxes indirectes, taxes locales frappant l'industrie ou le commerce, contributions extraordinaires sur les bénéfices de guerre, impôt cédulaire sur les bénéfices industriels et commerciaux, impôts fonciers, etc.).

Ainsi l'exploitant unique ou faisant partie d'une société de personnes ne pourra déduire un impôt personnel, par exemple le montant de son impôt général sur le revenu; celui-ci viendra en déduction de son revenu global.

De même, une société anonyme, payant ses coupons pour le net, ne pourra déduire de son bénéfice le montant de la taxe sur le revenu des valeurs mobilières afférente à ces coupons; cet impôt frappe non l'entreprise mais le revenu des actionnaires et des obligataires.

Portefeuille. — Les titres que l'entreprise peut avoir en portefeuille, ses créances sur des tiers, les sommes d'argent qu'elle a en banque lui procurent un revenu qui, étant déjà taxé, soit à la cédule des valeurs mobilières, soit à la cédule des créances, ne doit pas être compris dans le bénéfice industriel ou commercial. On peut donc le déduire du bénéfice brut, même s'il s'agit du revenu de titres d'Etat légalement exonéré de la taxe sur le revenu des valeurs mobilières.

Corrélativement à cette déduction, du bénéfice, la loi prescrit de retrancher des frais généraux déductibles ceux qui sont afférents au portefeuille. Ces derniers, autrement dit, ne pourront pas être déduits du bénéfice brut.

Comment déterminer les frais généraux afférents au portefeuille? Le total des frais généraux est réparti entre le portefeuille et l'exploitation proprement dite proportionnellement aux *revenus du portefeuille* et aux *recettes brutes de l'entreprise.*

Exemple. — Soit une entreprise ayant réalisé 240.000 fr. de bénéfices bruts, correspondant à 800.000 fr. de recettes brutes; cette entreprise a retiré en outre de son portefeuille 10.000 fr.; ses frais généraux, tels qu'ils ont été indiqués aux dépenses à déduire se sont élevés à 150.000 fr.

Les recettes brutes de l'entreprise sont de..	800.000
Le portefeuille a produit................	10.000
Recettes totales..........Fr.	810.000

Ventilation des frais généraux :

1° Part de l'entreprise :

$$\frac{150.000 \times 800.000}{810.000} = 148.148 \text{ fr.}$$

2° Part du portefeuille :

$$\frac{150.000 \times 10.000}{810.000} = 1.852 \text{ fr.}$$

Le montant des frais généraux à déduire du bénéfice brut sera donc de 148.148 fr. au lieu de 150.000 francs. La somme de 1.852 fr. considérée comme frais généraux du portefeuille ne sera pas retranchée du bénéfice industriel.

Pertes d'exploitation. — La règle suivant laquelle l'ensemble du bénéfice net d'un exercice doit être taxé ne permet pas, comme dans certains pays, la déduction des pertes d'exploitation résultant d'exercices antérieurs.

Le résultat de la déduction des diverses dépenses qui viennent d'être énumérées, des recettes brutes, constitue *le bénéfice net*, sur lequel doit être assis l'impôt.

Taux de l'impôt. — Les contribuables sont divisés en deux classes, suivant que leur bénéfice *net* dépasse ou non 50.000 francs.

Pour ceux dont le bénéfice net excède 50.000 francs, le montant de l'impôt est fixé à 15 0/0 du bénéfice, toute fraction de 1.000 francs étant négligeable pour le calcul de l'impôt; ainsi 60.585 francs sont taxés comme 60.000 francs, soit 9.000 francs.

Ceux dont le bénéfice est inférieur ou égal à 50.000 francs sont répartis en catégories d'après l'importance de leurs revenus nets. Dans chaque catégorie le montant de l'impôt est uniforme et fixé comme suit :

	Montant de l'impôt
Pour un bénéfice inférieur ou égal à :	
800 fr.	22 50
Pour un bénéfice compris entre :	
801 fr. et 1.500 fr. ....Fr.	45 »
1.501 fr. et 3.000 fr.	150 »
3.001 fr. et 5.000 fr.	300 »
5.001 fr. et 7.000 fr.	750 »
7.001 fr. et 10.000 fr.	1.050 »
10.001 fr. et 15.000 fr.	1.500 »
15.001 fr. et 20.000 fr.	2.250 »
20.001 fr. et 25.000 fr.	3.000 »
25.001 fr. et 30.000 fr.	3.750 »
30.001 fr. et 35.000 fr.	4.500 »
35.001 fr. et 40.000 fr.	5.250 »
40.001 fr. et 45.000 fr.	6.000 »
45.001 fr. et 50.000 fr.	6.750 »

Qu'il s'agisse d'un bénéfice net inférieur ou supérieur à 50.000 francs, l'impôt ainsi calculé ne supporte pas le double décime.

Réduction d'impôt pour charges de famille. — Si le contribuable a des charges de famille il a droit à une réduction de l'impôt sur les bénéfices industriels et commerciaux qui varie suivant que le revenu net global imposable de l'assujetti pour l'établissement de l'impôt général sur le revenu, ne dépasse pas ou dépasse 10.000 fr, et suivant le nombre de personnes à charge. (Voir page 206.)

1er EXEMPLE. — Prenons un contribuable marié ayant deux enfants mineurs et 25.000 fr. de revenu net global provenant entièrement de bénéfices industriels et commerciaux.

Si ce contribuable était célibataire, sans enfants, sans charges, il aurait ainsi à payer au titre de l'impôt sur les bénéfices industriels et commerciaux : 3.000 fr. somme qui correspond à la tranche 20001 à 25000 du barème que nous avons donné.

Mais nous avons dit que ce contribuable était marié et que de plus il avait deux enfants à sa charge. Il a donc droit de ce fait, à une réduction d'impôts qui se calculera d'après l'importance de son revenu net global, défalcation faite des déductions auxquelles il a droit pour charges de famille.

Or, ce contribuable a droit d'une part comme marié à une déduction de 3.000 fr. sur son revenu net global, d'autre part, comme ayant deux enfants à sa charge à une déduction de deux fois 3.000 fr. soit 6.000 fr.

Au total il a donc droit à une déduction de :

3.000 + 6.000 soit 9.000 francs.

Le revenu ou bénéfice total de ce contribuable

étant de 25.000 fr.; et les déductions pour charges de famille auxquelles il a droit étant de 9.000 fr., le revenu net total imposable sera égal à :

25.000 fr. — 9.000 fr. soit 16.000 francs.

Le revenu net global du contribuable dépassant, après déductions pour charges de famille, 10.000 fr., le contribuable a donc droit sur le montant de 3.000 francs d'impôt qu'il aurait à payer s'il n'avait aucune charge, à une réduction d'impôt pour ses deux enfants à charge — la femme ne compte pas — de deux fois 5 0/0 soit 10 0/0.

Ce qui sur 3.000 fr. donne 300 fr. En sorte que le contribuable marié, ayant deux enfants et 25.000 fr. de revenu net total, provenant de bénéfices industriels et commerciaux aura à payer comme impôt au titre de cette cédule :

3.000 fr. — 300 fr. soit 2.700 francs.

2e Exemple. — Prenons un contribuable marié ayant 5 enfants mineurs, un revenu net global de 26.000 francs, figurant à sa déclaration à l'impôt général sur le revenu dont 18.000 fr. proviennent de bénéfices nets industriels et commerciaux et 8.000 fr. d'autres revenus.

Pour ses 18.000 fr. de bénéfices industriels et commerciaux il devrait payer 2.250 fr. d'impôt. Mais comme il est marié il a droit au titre de l'impôt général sur le revenu à une déduction de 3.000 fr. sur l'ensemble de son revenu, puis comme ayant cinq enfants à sa charge à une autre déduction égale à cinq fois 3.000 fr., soit 15.000 fr.

Au total il a donc droit à une déduction sur son revenu net global de 3.000 + 15.000 soit 18.000 fr. pour situation et charges de famille.

L'ensemble de son revenu net global imposable se trouve ainsi ramené à 26.000 fr. — 18.000 fr. soit

8.000 fr., c'est-à-dire à une somme inférieure à 10.000 francs.

De ce fait le contribuable a droit pour charges de famille à une réduction d'impôt sur ses bénéfices industriels et commerciaux :

D'une part deux fois 7.50 0/0 = 15 0/0 (pour les deux premières personnes).

D'autre part trois fois 15 0/0 = 45 0/0 (pour les trois autres personnes).

Soit au total : 60 0/0.

En sorte que sa réduction d'impôt sur les 2.250 fr. qu'il aurait à payer sera de $\frac{2.250 \times 60}{100} = 1.350$ fr. c'est-à-dire qu'il aura à payer au titre de l'impôt sur les bénéfices industriels et commerciaux :

2.250 — 1.350 = 900 fr.

Obligations du contribuable. — Formalités à remplir. — Toute personne ou société exerçant une profession industrielle ou commerciale est tenue de remettre au contrôleur des contributions directes, avant le 1er mars de chaque année, une déclaration du montant de son bénéfice net de l'année ou de l'exercice précédent.

La date du 1er mars est reportée au 31 mars pour les personnes ou les sociétés qui ont clos leurs écritures au cours du mois de décembre de l'année antérieure à celle de l'imposition, et qui sont tenues de par la loi, ou qui prennent l'engagement de communiquer leur comptabilité.

Lorsque le bénéfice net est inférieur à 50.000 francs, le contribuable peut se borner à indiquer la catégorie (voir taux de l'impôt) dans laquelle il doit être rangé pour le calcul de l'impôt, par exemple de 801 à 1.500, de 20.001 à 25.000 francs, etc.

Si le bénéfice net excède 50.000 francs, le contribuable est tenu de fournir, en même temps que la déclaration, un résumé de son compte profits et pertes ou un état de ses bénéfices. Il doit, en outre, représenter, à toute réquisition du contrôleur, tous documents comptables de nature à justifier la sincérité de sa déclaration. La même obligation incombe, quel que soit le chiffre de leurs bénéfices (même inférieurs à 50.000 francs), aux sociétés soumises au droit de communication à l'Enregistrement (sociétés anonymes, en commandite, par actions, sociétés à responsabilité limitée). Si les contribuables dont le bénéfice excède 50.000 francs ne fournissent pas les renseignements indiqués à l'appui de leur déclaration, celle-ci peut être rectifiée d'office.

Du contrôle des déclarations. — Le contrôleur vérifie les déclarations. Le contribuable peut fournir des explications orales soit spontanément, soit sur l'invitation du contrôleur.

Le contrôleur peut rectifier les déclarations, mais il fait connaître au contribuable la rectification qu'il envisage et il lui en indique les motifs. Il l'invite en même temps à faire parvenir son acceptation ou ses observations dans un délai de 20 jours.

Si le désaccord persiste, il peut être soumis à l'appréciation d'une Commission consultative siégeant au chef-lieu d'arrondissement, et composée de cinq commerçants ou industriels désignés par la Chambre de Commerce.

L'avis de la Commission est notifié au contribuable par le contrôleur, qui l'informe, en même temps, du chiffre d'après lequel il se propose de le taxer.

Si cette taxation est conforme à l'appréciation de la Commission, le contribuable, s'il ne l'accepte pas, doit attendre la publication du rôle et réclamer une réduction d'impôt par voie de réclamation au sous-préfet ou au préfet de son arrondissement. Il est tenu, dans ce cas, de faire la preuve de son bénéfice exact.

Si la taxation du contrôleur est supérieure à l'appréciation de la Commission, et si le contribuable réclame, après réception de l'avertissement, comme il a été dit plus haut, c'est à l'Administration qu'incombe le soin de justifier l'accroissement de la taxe, mais c'est au contribuable à prouver que la taxation de la Commission est trop élevée.

Majorations et suppléments d'impôt. — Le contribuable qui n'a pas fait sa déclaration dans le délai réglementaire (Voir obligations du contribuable, page 89) est taxé d'office et son impôt est majoré de 25 %.

Si le contribuable fournit des renseignements inexacts à l'appui de la déclaration du bénéfice net, il y a lieu d'envisager trois hypothèses :

1° La portion du bénéfice dissimulé n'est pas supérieure au dixième du bénéfice net réel; d'autre part, elle n'excède par 20.000 francs. Dans ce cas, le contrôleur se borne à rétablir le bénéfice exact;

2° La portion de bénéfice dissimulé est supérieure au dixième du bénéfice réel : le contrôleur rétablit le bénéfice exact et frappe d'une majoration de 100 0/0 l'impôt afférent au bénéfice dissimulé;

3° La portion du bénéfice dissimulé est inférieure au dixième du bénéfice net réel, mais dépasse 20.000 francs : comme dans le 2e cas, le contrôleur rétablit le bénéfice réel et frappe d'une majoration de 100 0/0 l'impôt afférent au bénéfice dissimulé.

Les majorations fiscales de 25 0/0 et de 100

p. 100 dont il vient d'être question sont augmentées de 2 décimes 1/2 par franc. Ainsi une majoration fiscale de 175 francs sera majorée de $175 \times 0{,}25 = 43$ fr. 75, et vaudra au total $175 + 43{,}75 = 218$ fr. 75.

Il est signalé que les contribuables *peuvent*, lorsqu'il est établi qu'ils n'ont pas eu l'intention de frauder, obtenir une remise ou une atténuation des majorations fiscales; ils devront, à cet effet, adresser une demande à l'Administration sur papier timbré.

Amendes fiscales. — Voir page 215.

Prescriptions spéciales dans le cas de cession ou de cessation d'entreprise. — Le contribuable qui vend son exploitation, ou qui cesse son entreprise, est soumis à deux obligations essentielles :

1° *Il doit acquitter* sans délai, et en totalité, s'il ne l'a déjà fait, l'impôt afférent aux bénéfices compris dans sa dernière déclaration faite au début de l'année;

2° *Il doit déclarer*, comme si une année complète s'était écoulée, les bénéfices nets réalisés depuis le 1er janvier de l'année en cours ou depuis le dernier bilan, jusqu'au jour de la cession ou de la cessation de l'entreprise.

La déclaration doit être déposée dans un délai de dix jours; elle doit être accompagnée du résumé du compte profits et pertes ou d'un état détaillé du bénéfice.

Le délai de dix jours court : pour la vente ou la cession des fonds de commerce, du jour de l'insertion de la vente ou de la cession dans un journal d'annonces légales; pour les autres entreprises, du jour où le successeur a pris effectivement la direction des exploitations. En cas de cessation d'entreprise, le délai de dix jours court du jour de la fermeture définitive des établissements.

Si les contribuables ne produisent pas à l'appui de leur déclaration un résumé du compte profits et pertes ou un état des bénéfices, ou encore si, ayant fourni des documents, ils ne répondent pas dans les dix jours à l'avis du contrôleur leur demandant des justifications, ils sont taxés d'office, et l'impôt est majoré de 50 0/0, en outre la majoration est augmentée de 2 décimes 1/2, soit 0 fr. 25 par franc.

Ainsi une taxation d'office de 1.000 francs sera majorée :

1° De 500 francs;

2° De $500 \times 0{,}25 = 75$ francs, et atteindra finalement 1.575 francs.

En cas d'inexactitude dans les renseignements fournis et de fraude, les intéressés sont passibles des pénalités et des amendes prévues précédemment. (Voir pages 92 et 215.)

L'impôt, une fois établi, est immédiatement exigible pour la totalité et, s'il s'agit d'une cession, vente, héritage, le nouvel exploitant demeure responsable du paiement de l'impôt, solidairement avec son prédécesseur, pendant trois mois, à dater du jour de la déclaration des bénéfices au contrôleur. Pour éviter des mécomptes, les acquéreurs devront demander à leurs cédants l'accusé de réception de la déclaration, délivré par le contrôleur; la date de ce document est la date de la déclaration des bénéfices.

Entreprises d'assurances. — Ces entreprises sont soumises à des règles spéciales (qu'elles s'occupent soit d'assurances proprement dites, soit de réassurances, de capitalisation ou d'épargne). L'ensemble de leur bénéfice net est imposable, *quelle que soit la source de ce bénéfice*, au taux de 20 %. Ces entreprises sont passibles de la taxe spéciale sur le chiffre d'affaires, dont il sera question plus loin. Il est admis qu'elles peuvent imputer les pertes d'exploitation sur cinq exercices suivant celui au cours duquel est survenu le déficit. L'impôt est à la charge exclusive de l'entreprise et ne peut être récupéré sur les assurés.

Bien entendu, ce régime spécial n'intéresse que les organismes d'assurance et ne s'applique pas aux intermédiaires n'assurant pas pour leur propre compte.

Taxe spéciale sur le chiffre d'affaires. — A l'impôt sur les bénéfices industriels et commerciaux s'ajoute, dans les conditions que nous allons indiquer, *une taxe spéciale* sur le chiffre d'affaires, indépendante de l'impôt sur le chiffre d'affaires.

Sont assujetties à la taxe spéciale, les entreprises vendant des denrées ou des marchandises *au détail* et qui font un chiffre d'affaires annuel de 1 million de francs, compte non tenu du montant des exportations à l'étranger ou aux colonies. Lorsqu'une entreprise fait le gros ou le demi-gros en même temps que le détail, et lorsque le montant de ses ventes au détail est supérieur au montant de ses autres ventes, elle doit *la taxe spéciale* sur le total de son chiffre d'affaires, si celui-ci excède 1 million de francs. Sont en outre passibles de la taxe les entreprises de banque, de crédit, d'assurances, de capitalisation, d'épargne dont le chiffre d'affaires dépasse 1 million de francs.

Les sociétés coopératives de consommation sont exonérées de la taxe.

La taxe spéciale sur le chiffre d'affaires est calculée conformément au tarif ci-après :

1 % pour la fraction du chiffre d'affaires comprise entre 1 et 2 millions;

2 % pour la fraction du chiffre d'affaires comprise entre 2 et 10 millions;

3 % pour la fraction du chiffre d'affaires comprise entre 10 et 100 millions;

4 % pour la fraction du chiffre d'affaires comprise entre 100 et 200 millions;

5 % pour la fraction du chiffre d'affaires comprise au-dessus de 200 millions.

A la somme obtenue s'ajouteront 2 décimes par franc. En outre, en cas de non déclaration du chiffre d'affaires ou en cas de déclaration inexacte l'impôt est majoré de 50 % et à cette majoration s'ajoutent deux décimes 1/2 (0 fr. 25) par franc.

Ainsi une entreprise passible de la taxe dont le chiffre d'affaires s'est élevé à 250 millions de francs paiera :

0 0/0 sur le 1er million. Pour 1 million	»
1 0/0 sur le 2e million. Pour 1 million....	10.000
2 0/0 sur les 8 millions suivants. Pour 8 millions.	160.000
3 0/0 sur les 90 millions suivants. Pour 90 millions.	2.700.000

4 0/0 sur les 100 millions suivants. Pour 100 millions.	4.000.000
5 0/0 sur les 50 millions suivants. Pour 50 millions.	2.500.000
La taxe sera pour 250 millions de. .Fr.	9.370.000

qui ajoutés au produit du double décime :

9.370.000 × 0,20 = 1.874.000 donnent un impôt total de : 11.244.000 francs.

Dispositions diverses. — *Déménagement.* — En cas de déménagement de l'entreprise hors du ressort de la perception l'impôt est dû en totalité et immédiatement.

Extraits de rôle. — Un contribuable ne peut obtenir la délivrance d'extraits du rôle des impôts sur le revenu qu'en ce qui concerne ses propres impositions.

Secret professionnel. — Les fonctionnaires qui interviennent à un titre quelconque dans la taxation du revenu sont tenus au secret professionnel et sont passibles en cas de violation de ce secret des pénalités prévues au Code pénal. (Voir page 205.)

Cotes omises. — Les bénéfices dont la taxation a été omise peuvent faire l'objet d'une imposition spéciale pendant les cinq années qui suivent l'année au cours de laquelle le bénéfice aurait dû être normalement imposé. (Voir page 204.)

V. — Impôt sur les bénéfices de l'exploitation minière

Cette exploitation paie :

1° Une redevance fixe de un franc par hectare concédé, redevance abaissée à 0 fr. 30 par hectare si l'exploitation comprend moins de 300 hectares, et si le produit n'excède pas 1.500 francs. A cette redevance doit être ajouté un double décime par franc d'impôt;

2° Une redevance proportionnelle égale à 25 0/0 du revenu net : 5 0/0 de cette redevance est attribué aux communes sur le territoire desquelles se trouve l'exploitation, et 20 0/0 à l'Etat.

La redevance proportionnelle ne supporte pas de double décime.

VI. — Impôt sur les traitements publics et privés, les indemnités et émoluments, les salaires, les pensions et les rentes viagères

Les avantages dont peuvent jouir les individus, soit sous forme de traitements, indemnités, salaires, émoluments, pensions et rentes viagères en rémunération de leur activité ou de services rendus, constituent dans les ressources du contribuable une catégorie de revenus qu'on appelle « Revenus provenant du travail ».

Or, comme les revenus fonciers, comme ceux provenant de valeurs mobilières, d'exploitations commerciales ou industrielles, etc., *les revenus provenant du travail* sont également soumis à l'impôt. L'impôt qui frappe cette catégorie de ressources du contribuable, s'appelle « impôt sur les traitements, salaires, pensions et rentes viagères ».

En voici le mécanisme :

Revenus imposables. — Sont assujettis à l'impôt, tous les revenus provenant de rémunérations diverses payées :

1° Soit par l'Etat, les départements, les communes et les établissements publics aux titulaires de charges, fonctions ou emplois rétribués sur les fonds publics;

2° Soit par les particuliers et administrations privées aux personnes qui sont à leur service.

Qu'entend-on par rémunération? — Sont considérés comme rémunération, les traitements, appointements, salaires, remises proportionnelles aux affaires, participation aux bénéfices; les indemnités diverses accordées en considération de dépenses supportées par l'intéressé comme indemnité de résidence, de logement, de déménagement, de cherté de vie, indemnité pour frais de bouche, de voyage, de bureau, de déplacement, de représentation; les gratifications, les primes, notamment les primes pour erreur de caisse; les avantages en nature de toutes espèces, tels que le logement, le chauffage, l'éclairage, la nourriture, les pourboires, le sou du franc, les étrennes, etc.

Sont également considérés comme rémunération et assujettis à l'impôt, la solde des officiers généraux du cadre de réserve, les soldes militaires, les salaires des inscrits maritimes, les gages des domestiques, tous émoluments et toutes indemnités à forme de traitement tels que la dotation des pouvoirs publics, l'indemnité perçue par les sénateurs, députés, conseillers généraux, conseillers municipaux de la Seine, les enveloppes, les jetons de présence des membres de diverses institutions, les émoluments des commissaires aux comptes et membres des conseils de surveillance des sociétés anonymes.

Tous ces divers éléments qu'ils soient payés,

à l'année, au mois, à la semaine ou à la journée, sont passibles de l'impôt.

Exemptions. — Ne sont pas, au contraire, passibles de l'impôt les participations ou tantièmes ayant le caractère d'une distribution de bénéfices et qui sont frappés de l'impôt sur le revenu des valeurs mobilières; les allocations aux familles nombreuses telles que sursalaire familial, allocations familiales, versées exclusivement par des employeurs ou des groupements d'employeurs à leur personnel; ni les indemnités pour charges militaires; ni les demi-salaires alloués aux ouvriers victimes d'un accident de travail; ni les subventions pour maladies de l'employé ou de sa famille; ni les prélèvements effectués par un exploitant puisqu'ils constituent des bénéfices de l'exploitation; ni l'indemnité mensuelle de 1.000 fr. allouée aux parlementaires pour frais de double résidence, correspondance et autres frais afférents à l'exercice de leur mandat législatif, etc.

Pensions et rentes viagères. — Sous cette dénomination il faut comprendre comme étant assujetties à l'impôt, les pensions civiles et militaires servies par l'Etat; les pensions de retraite des départements et des communes, les retraites versées par les entreprises privées, les retraites constiuées sur la Caisse Nationale de retraites pour la vieillesse, les retraites ouvrières et paysannes, les retraites des employés et ouvriers des mines, les rentes viagères allouées aux victimes des accidents du travail; les traitements attachés aux décorations de la Légion d'honneur et de la Médaille militaire; les pensions alimentaires servies en vertu des obligations résultant des dispositions du Code Civil.

Quelles que soient leur forme — capital aliéné ou réservé — leur durée — viagère ou perpétuelle — leur origine — services rendus, donation, accidents de travail, etc. — les rentes viagères sont imposables.

Sont toutefois affranchies complètement de l'impôt les pensions des armées de terre et de mer servies en vertu de la loi du 31 mars 1919.

Qui doit payer l'impôt? — L'impôt est dû par toutes les personnes qui ont bénéficié pendant l'année précédant celle de l'imposition, d'un traitement, d'une indemnité, d'émoluments, salaires, pensions et rentes viagères dès l'instant qu'elles ont une résidence en France et que le montant net du traitement, salaire, indemnité, pension, etc., a dépassé, après déduction de certaines dépenses et de certains avantages accordés pour situation de famille, 7.000 francs.

Personnes passibles de l'impôt. — Sont passibles de l'impôt : les ouvriers et ouvrières, les domestiques, valets de chambre, femmes de chambre, nourrices, jardiniers, femme de ménage, concierges, les employés, commis, garçons de café, plongeurs, comptables, garçons de magasins, garçons de bureaux, dactylographes, les députés, sénateurs, fonctionnaires, journalistes, les greffiers des tribunaux, les clercs d'officiers ministériels, les représentants et voyageurs de commerce qui ne sont que de simples employés de maison, etc., etc.; en un mot, toute personne qui a bénéficié durant l'année, d'un traitement, salaire, indemnité, émolument, pension et rente viagère.

Les ouvriers étrangers mis à la disposition des industriels pour une certaine durée sont imposables si leur salaire net a dépassé 7.000 fr. Par contre, les individus qui ont été recrutés par l'Administration à l'étranger et dont le rapatriement est prévu dans un court délai sont exonérés de l'impôt.

Cas particuliers. — Sont encore assujettis à l'impôt sur les traitements, salaires, indemnités, etc. :

1° Les ouvriers travaillant chez eux, soit à la main, soit à l'aide de force motrice, que leurs instruments de travail soient ou non leur propriété, lorsqu'ils opèrent exclusivement à façon pour le compte d'industriels ou de commerçants, avec des matières premières fournies par ces derniers et lorsqu'ils n'utilisent pas d'autre concours que celui de leur femme, de leurs père et mère, de leurs enfants et petits-enfants habitant avec eux, d'un apprenti de moins de seize ans et d'un compagnon.

2° Les artisans travaillant chez eux ou au dehors, qui se livrent principalement à la vente de produits de leur propre travail et qui n'utilisent pas d'autres concours que celui de leurs femme, père et mère, enfants et petits-enfants habitant avec eux, d'un apprenti de moins de seize ans et d'un compagnon.

Nous rappelons qu'on entend par artisan celui qui exerce à ses risques et périls une industrie manuelle, travaillant lui-même comme ouvrier, en général avec des matières premières lui appartenant et exceptionnellement à façon. Il peut utiliser des machines, mais c'est le travail manuel qui joue le rôle prépondérant dans l'exercice de sa profession. En outre, l'artisan n'achète et ne travaille que des matières premières dont il a besoin pour faire face aux commandes qui lui sont faites ou qu'il peut prévoir, il ne se livre pas à une spéculation sur la matière première et tire son gain de son art. S'il y a spéculation sur la matière première, il devient commerçant. Enfin l'artisan ne réalise pas la vente de ses produits au moyen de procédés en usage dans le commerce : notamment il ne tient pas boutique, mais il va de soi qu'on ne peut le considérer comme commerçant s'il expose dans son atelier les produits de sa fabrication;

3° La veuve de l'ouvrier et celle de l'artisan travaillant dans les conditions que nous venons d'indiquer, lorsqu'elles continuent la profession précédemment exercée par leur mari;

4° Les personnes qui vendent elles-mêmes et pour leur compte en ambulance dans les rues, dans les lieux de passage et les marchés, des marchandises de faible valeur ou de menus comestibles, à la condition que ces personnes soient munies d'autorisations administratives et que les marchandises destinées à la vente soient transportées autrement que par véhicule automobile ou que par voiture attelée;

5° Les mariniers propriétaires d'un seul bateau qu'ils conduisent et gèrent eux-mêmes;

6° Les chauffeurs et cochers propriétaires d'une ou de deux voitures qu'ils conduisent et gèrent eux-mêmes à la condition que les deux voitures ne soient pas mises simultanément en service; qu'elles ne comportent pas plus de quatre places et que les conditions de transport soient conformes à un tarif réglementaire;

7° Les pêcheurs se livrant *personnellement* à la pêche des poissons, crustacés, coquillages et autres produits de la mer ou d'eau douce;

8° Les rémunérations allouées sous quelque forme que ce soit aux personnes qui accomplissent des actes de commerce pour le compte d'autrui, notamment : les commis, les facteurs ou gérants, les placiers, les commis-voyageurs et les représentants, lorsqu'ils se bornent à vendre ou à acheter pour le compte ou au nom d'industriels ou de commerçants dont ils exécutent les ordres; ils sont alors considérés comme des employés, même s'ils représentent plusieurs maisons. (Voir page 69.) Les greffiers, quoique titulaires d'une charge, sont assujettis pour l'ensemble de leurs traitements et salaires à l'impôt sur les salaires.

Lieu d'imposition. — L'impôt est établi dans la commune où le redevable est domicilié au 1er janvier de l'année de l'imposition.

Revenus bruts du travail. — Le revenu brut se compose du montant total de toutes les rétributions perçues, c'est-à-dire appointements ou salaires fixes, allocations variables, émoluments divers et avantages pécuniaires de toute nature, augmentés le cas échéant de la somme que représente la valeur des avantages *en nature* accordés à l'intéressé, tels : chauffage, éclairage, logement, nourriture, etc.

Seul le montant net des traitements, salaires, indemnités, pensions, rentes viagères est imposable. — Toutefois les revenus provenant de travail ou de services rendus ne sont soumis à l'impôt qu'à raison de leur montant net.

Comment déterminer le revenu net. — Le revenu net s'obtient en déduisant du revenu brut, le montant des dépenses qui ont été effectuées à l'occasion de la fonction ou de l'emploi occupés.

Dépenses que le contribuable peut déduire. — Les dépenses que le contribuable peut déduire du montant brut de ses rémunérations pour obtenir un revenu net sont les suivantes :

1° Les retenues supportées et les versements effectués en vue de la constitution d'une pension de retraite;

2° Les frais inhérents à la fonction ou à l'emploi;

3° L'impôt cédulaire payé au titre des traitements, salaires, indemnités, etc., l'année précédente.

En ce qui concerne la déduction des sommes destinées à la constitution de retraites, il est bon que l'on sache que cette déduction n'est pas limitée aux seuls versements et retenues obligatoires. Les versements volontairement effectués pour le même objet à des caisses diverses peuvent être également déduits, à la condition toutefois, que lesdits versements volontaires conservent le caractère de dépense de prévoyance proportionnée à l'importance même du salaire et qu'ils soient comparables aux retenues généralement pratiquées par les administrations publiques ou privées et dont le taux est actuellement pour les administrations de l'Etat de 6 % du montant brut du traitement ou salaire.

En un mot, il ne faut pas que l'importance

des versements effectués, eu égard au montant du salaire du contribuable, laisse supposer que ce dernier a en réalité effectué un placement d'argent.

Ainsi un contribuable qui ayant bénéficié d'un salaire annuel brut de 12.000 fr. déduirait de cette somme 1.200 fr., soit 10 % de son salaire annuel, comme les ayant versés à une caisse de retraite pour se constituer une pension s'exposerait à voir cette déduction rejetée par le contrôleur, comme étant beaucoup trop élevée et constituant aux yeux de ce dernier un véritable placement d'argent. Par contre, si le contribuable sur ses 12.000 fr. de salaire annuel ne déduit que 720 fr., soit 6 % de son salaire, taux qui correspond à la retenue que prélève actuellement l'Etat sur le traitement ou le salaire de ses fonctionnaires ou employés pour leur constituer une pension, ce contribuable, disons-nous, aura la chance de voir sa déduction acceptée par l'Administration. En définitive, la déduction opérée sur le montant brut du salaire au titre des dépenses effectuées par la constitution d'une pension de retraite ne doit pas dépasser 6 % du montant brut du salaire encaissé dans l'année.

Pour ce qui est des frais inhérents à la fonction ou à l'emploi qui peuvent être retranchés, du montant brut du traitement, appointement, salaire, etc., ce sont ceux occasionnés spécialement et directement par l'exercice de la fonction ou les obligations de l'emploi et qui constituent des frais de service, des dépenses professionnelles. C'est ainsi que peuvent être déduits : le prix du loyer des locaux exclusivement affectés au service, la rétribution d'auxiliaires, les frais divers de bureau, frais de tournées, de voyage ou de déplacement réellement déboursés; les frais supplémentaires de nourriture supportés à raison des obligations de travail. Sont également déductibles les frais de transport pour se rendre au travail, au magasin, à l'atelier, à l'usine et en revenir, à condition toutefois que l'éloignement du domicile du lieu de travail soit le fait de circonstances indépendantes de la volonté de l'intéressé. C'est là le cas pour Paris et certaines grandes villes où la crise actuelle du logement ne permet pas aux fonctionnaires, employés, ouvriers, etc., de se loger à proximité de leur bureau, magasin, usine.

Pour les pensions et rentes viagères, les dépenses qui peuvent être déduites sont les frais occasionnés par la délivrance de certificat de vie.

Il suffit donc au contribuable de défalquer du montant brut de ses ressources provenant du travail ou de services rendus, ces dépenses pour obtenir *son revenu net.*

Déductions pour situation de famille. — Toutefois sur le montant net de son salaire, traitement, pension ou rente viagère ainsi déterminé, le contribuable a droit encore à des déductions suivant qu'il est marié ou chargé de famille et dont voici le détail :

— 3.000 fr. s'il est marié, à condition que sa femme n'ait ni salaire, ni revenus personnels, c'est-à-dire qu'elle n'exerce pas personnellement une profession commerciale ou non commerciale, n'occupe pas un emploi public ou privé, ou ne jouisse pas d'une pension ou d'une rente viagère. La même déduction est accordée aux veufs et veuves ayant à leur charge un ou plusieurs enfants issus de leur mariage avec leur conjoint décédé;

— 3.000 fr. par enfant de moins de dix-huit ans n'ayant ni revenu personnel, ni salaire;

— 2.000 fr. par enfant de moins de 18 ans ayant un revenu personnel ou un salaire, mais à la charge du contribuable;

— 2.000 fr. par enfant âgé de 18 à 21 ans à la charge du contribuable;

— 2.000 fr. par enfant majeur infirme;

— 2.000 fr. par ascendant (père, mère, grand-père, grand'mère, beau-père, belle-mère, âgé de plus de 70 ans ou infirme à sa charge. Toutefois cet âge est abaissé à 60 ans à l'égard des femmes veuves vivant sous le même toit que leur fils ou fille et à leur charge exclusivement.

— 1.000 fr. à tout contribuable mutilé de guerre titulaire d'une pension d'invalidité; la même déduction est accordée aux contribuables réformés pour maladie contractée ou aggravée aux armées et bénéficiant, à ce titre, d'une pension d'invalidité en vertu de la loi du 31 mars 1919.

Si le mari et la femme sont l'un et l'autre passibles de l'impôt, les déductions pour charges de famille — enfants, ascendants — ne sont applicables qu'à celui dont le traitement ou salaire est le plus élevé.

Fixation du revenu imposable. — *Le montant net* du traitement ou salaire, diminué du total de ces *déductions,* donne le revenu imposable, c'est-à-dire la somme sur laquelle doit être calculé l'impôt.

Comment reconnaître si l'on est imposable. — Dès que le contribuable a fixé le montant net de son salaire ou traitement, c'est-à-dire dès que du montant brut de ses émoluments il a retranché les diverses dépenses effectuées à l'occasion de son travail et qu'il a ensuite défalqué du montant net ainsi obtenu, les déductions auxquelles il a droit pour situation de famille, il lui est facile de se rendre compte s'il est imposable.

En effet, chaque contribuable n'étant passible de l'impôt que si son traitement ou salaire, ou pension, ou rente viagère *net* dépasse 7.000 francs, il en résulte qu'un contribuable célibataire sans charges est exempt d'impôt si son revenu net provenant du travail ne dépasse pas 7.000 francs;

Qu'un contribuable marié ou chargé de famille est exempté de l'impôt si son *revenu net* dépasse 7.000 fr., plus les déductions auxquelles il a droit pour situation ou charges de famille. En conséquence un contribuable marié et dont la femme n'a ni salaire, ni revenus personnels n'est pas imposable jusqu'à 10.000 fr. : soit 7.000 + 3.000; s'il a un enfant mineur (1) non salarié jusqu'à 13.000 fr., soit : 7.000 + 3.000 + 3.000; s'il a deux enfants mineurs non salariés jusqu'à 16.000 fr., soit :

(1) Dans l'exemple envisagé il s'agit d'enfants de moins de 18 ans.

7.000 + 3.000 + deux fois 3.000; s'il a deux enfants mineurs et un ascendant jusqu'à 18.000 francs, soit 7.000 + 3.000 + deux fois 3.000 + 2.000 et ainsi de suite.

Réductions d'impôt pour charges de famille. — En outre de ces déductions le contribuable a droit également à des réductions *d'impôt* pour charges de famille déterminées *d'après l'importance du revenu net total servant de base à l'assiette de l'impôt général sur le revenu.* Voir à ce sujet les réductions d'impôt pour charges de famille, page 206.

Personnes à charge. — Voir page 206.

Taux de l'impôt. — Le taux de l'impôt est de 12 % sans double décime.

Calcul de l'impôt. — Nous l'avons dit, il y a exonération totale de l'impôt jusqu'à 7.000 francs.

En outre la fraction du revenu net comprise entre 7.000 et 10.000 fr., n'est retenue que pour le quart; la fraction comprise entre 10.000 et 20.000 pour la moitié et la fraction comprise entre 20.000 et 40.000 pour les trois quarts. Le reste est compté pour la totalité. Au revenu net ainsi obtenu est appliqué, pour le calcul de l'impôt brut, le taux de 12 %.

Premier exemple du calcul de l'impôt. — Voici un ouvrier ou employé célibataire n'ayant aucune charge dont le salaire ou traitement durant l'année écoulée s'est élevé à la somme nette de 10.000 francs.

Étant célibataire et n'ayant aucune personne à charge, ce contribuable n'a donc droit à aucune déduction sur son salaire ou traitement net pour situation de famille.

La fraction de son traitement ou salaire de 1 à 7.000 fr. est exemptée et compte pour........ 0
la fraction comprise entre 7.000 et 10.000

compte pour le quart, soit $\frac{3.000}{4}$ =........ 750

Total sur lequel sera calculé l'impôt.......... 750

Impôt au taux de 12 0/0 = $\frac{750 \times 12}{100}$ = 90 fr.

Ce contribuable qui n'a aucune personne à charge et n'a droit par conséquent à aucune réduction de l'impôt aura donc à payer au titre de l'impôt sur les traitements et salaires..................... 90 fr.

2° *Exemple de calcul de l'impôt.* — Voici une ouvrière veuve, ayant un enfant de 14 ans non salarié et sa mère, veuve également âgée de 61 ans, habitant avec elle et à sa charge. Cette ouvrière a reçu dans son année un salaire net, c'est-à-dire après défalcation des dépenses qu'elle a pu effectuer à l'occasion de son travail — tels que frais de métropolitain ou d'autobus — 12.000 francs.

Comme veuve avec un enfant mineur, cette ouvrière a droit pour situation de famille à une déduction sur son salaire net annuel de...............Fr. 3.000

Elle a droit en outre pour son enfant de 14 ans non salarié à une déduction de...... 3.000

Enfin pour sa mère, habitant avec elle, âgée de 61 ans et à sa charge, elle a droit à une déduction de. 2.000

En sorte que les déductions auxquelles l'ouvrière a droit s'élèvent au total à............ 8.000

Son salaire net s'élevant à 12.000 francs, il reste donc à considérer pour le calcul de l'impôt :

$$12.000 - 8.000 = 4.000 \text{ francs}$$

Mais comme l'impôt n'est dû que si le salaire net après déduction pour charges de famille dépasse 7.000 francs, l'ouvrière en question qui n'accuse plus que 4.000 francs de salaire, après en avoir retranché les déductions pour charges de famille auxquelles elle a droit, *n'est donc pas imposable.*

3° *Exemple du calcul de l'impôt.* — Si, par contre, l'ouvrière que nous venons de citer en exemple avait un salaire net de 16.000 francs, voici comment se calculerait l'impôt qu'elle aurait à payer.

Nous avons vu que sa situation de famille et ses charges lui donnent droit à une déduction totale sur son salaire net de 8.000 francs.

Dès lors son salaire ou revenu net imposable se trouve ramené à 16.000 — 8.000, soit 8.000 francs.

Ces 8.000 francs représentent le salaire net imposable de l'ouvrière. Voici comment maintenant il convient de procéder pour calculer l'impôt dont cette contribuable est redevable.

La fraction du salaire net jusqu'à 7.000 fr. étant exemptée, compte pour.....................Fr.	0
La fraction du salaire comprise entre 7.000 et 8.000 compte pour le quart, soit $\frac{1.000}{4}$ =....	250
Le salaire imposable s'élève ainsi, au total, à..	250
L'impôt sera au taux de 12 % $= \frac{250 \times 12}{100} =$ soit	30

Cette ouvrière devrait donc payer 30 francs d'impôt, mais comme elle a des charges de famille, elle a droit à des réductions d'impôt qui doivent être calculées comme suit :

Nous supposons que l'ouvrière citée en exemple n'a pas d'autres ressources que son salaire. En conséquence, le revenu net devant servir de base à l'assiette de l'impôt général sur le revenu se trouve donc inférieur à 10.000 fr., puisque après les réductions pour charges de famille auxquelles l'ouvrière a droit, il n'atteint plus que 8.000 francs.

Les réductions d'impôt dont doit bénéficier l'ouvrière sur le montant brut de l'impôt sur les salaires calculé comme nous l'avons indiqué d'autre part, voir page 206, seront donc :

Pour 2 personnes à charge : 7,50 % × 2 = 15 %.

De ce fait l'ouvrière contribuable a droit sur les 30 francs d'impôt qu'elle aurait à payer à une réduction de 15 % de cette somme pour ses charges de famille :

$$\text{soit } \frac{30 \times 15}{100} = 4.50$$

En sorte que l'ouvrière aura, en définitive, à payer au titre de l'impôt sur les salaires :

$$30 - 4.50 = 25 \text{ fr. } 50$$

4° *Exemple de calcul de l'impôt.* — Prenons maintenant le cas d'un contribuable marié, ayant 2 enfants de 11 et 13 ans, sans revenus, sa mère veuve âgée de 61 ans à sa charge, et possédant un revenu net provenant d'appointements de 80.000 francs.

Les déductions pour charges de famille auxquelles ce contribuable a droit sont les suivantes :

Comme marié. . . . . .Fr.	3.000
Pour ses 2 enfants (2 fois 3.000 fr.) = ...	6.000
Pour sa mère veuve, âgée de 61 ans et à sa charge.	2.000
Total des déductions pour charges de famille	11.000

Ses appointements ou son salaire s'élevant à 80.000 francs, son revenu imposable sera donc égal à 80.000 francs — 11.000 francs, c'est-à-dire à 69.000 francs.

Dès lors voici comment il devra être procédé pour calculer l'impôt dont le contribuable est redevable.

La fraction du revenu imposable, jusqu'à 7.000 fr., étant exemptée est comptée pour.........Fr. 0

La fraction comprise entre 7.000 et 10.000 est comptée pour le 1/4, soit $\frac{3.000}{4}$ = ... 750

La fraction comprise entre 10.000 et 20.000 est comptée pour moitié, soit $\frac{10.000}{2}$ = ... 5.000

La fraction comprise entre 20.000 et 40.000 francs est comptée pour les 3/4, soit $\frac{20.000 \times 3}{4}$ =............................ 15.000

Le surplus est compté pour la totalité, c'est-à-dire pour 69.000 fr. (total du salaire net imposable) — 40.000, soit pour.......... 29.000

Le revenu total retenu pour le calcul de l'impôt s'élève donc à.................... 49.750

Et l'impôt calculé au taux de 12 % s'élèvera à : $\frac{49.750 \times 12}{100}$ soit à....................Fr. 5.970

Mais comme ce contribuable a des charges de famille, il a droit à des réductions d'impôt qui doivent être calculées comme suit :

Le revenu net imposable du contribuable dépassant 10.000 fr., lui donne droit à une réduction d'impôt, pour les 3 personnes à sa charge — la femme ne compte pas ici — égale à 3 fois 5 %, soit 15 % (Voir page 211).

En conséquence la réduction d'impôt à laquelle le contribuable a droit sera égale à $\frac{15 \times 5970}{100}$ = 895 fr. 50

En sorte que, en définitive, le montant net de l'impôt qu'aura à payer le contribuable au titre de l'impôt sur les traitements et salaires, s'élèvera à 5.970 fr. — 895 fr. 50, c'est-à-dire à 5.074 fr. 50.

L'impôt est dû tous les ans. — L'impôt dû par chaque contribuable est payé annuellement pour les revenus de l'année précédente.

Formalités à accomplir. — Les personnes passibles de l'impôt sur les traitements, salaires, pensions et rentes viagères, etc., c'est-à-dire qui ont reçu comme rémunération diverses en échange du travail effectué ou des services rendus une somme supérieure à 7.000 fr. après défalcation des dépenses professionnelles occasionnées par leur travail, et des déductions auxquelles elles ont droit pour situation et charges de famille, *n'ont pas de déclaration à produire, pour l'établissement de cet impôt; mais elles sont tenues d'indiquer le montant net de leurs traitements, salaires, pensions ou rentes viagères dans la déclaration qu'elles doivent souscrire pour l'établissement de l'impôt général sur le revenu quand elles sont imposables.* (Voir Impôt général sur le revenu.)

Cas particulier. — Par contre les contribuables qui sans avoir véritablement la qualité de salariés sont néanmoins assimilés à ces derniers pour l'application de l'impôt cédulaire sur les traitements et salaires, etc., — notamment les artisans, façonniers, chauffeurs, etc. — doivent personnellement déclarer dans le premier mois de chaque année au contrôleur des Contributions directes, la totalité des sommes encaissées par eux, déduction faite de tous débours et frais.

Renseignements à fournir par les employeurs, patrons et débiteurs de pensions ou rentes viagères. — En ce qui concerne les salariés proprement dits, c'est-à-dire les personnes jouissant d'un traitement, salaire, pension, rente viagère, etc., c'est aux employeurs et patrons qu'il appartient de donner à l'administration tous les ans, au cours du premier mois, les renseignements relatifs à leur personnel employé pour permettre l'établissement de l'impôt.

En conséquence, tous particuliers et toutes sociétés ou associations occupant des employés, commis, ouvriers, ouvrières, auxiliaires, valets de chambre, femmes de chambre, cuisiniers, maîtres d'hôtel, régisseurs, précepteurs, cochers, chauffeurs, palefreniers, jardiniers, etc., etc., moyennant traitements, salaires, gages ou rétributions quelconques, sont tenus de fournir avant le 31 janvier de chaque année au Contrôleur des Contributions directes de leur domicile, un état conforme au modèle ci-annexé, présentant la liste des per-

IMPOT SUR LES TRAITEMENTS ET SALAIRES

Appointements et salaires payés pendant l'année 19.........
par M. ....
Profession exercée ....
Siège de l'Etablissement.........

Désignation des personnes employées		Nature de l'emploi	Sommes payées à titre d'appointements, salaires et rétributions accessoires	Sommes payées à titre de frais d'emploi	Mention des avantages en nature (logement, chauff., etc.)	Période à laquelle s'appliquent les paiements lorsqu'elle est inférieure à une année
Nom et prénoms	Adresse : (Commune, rue et n°)					
Dupont (Jean-Louis).	Paris, r. de Rivoli, n° 150.	Comptable	12.000 fr.	1.000 fr.	Néant	12 mois
Durand (Mariette).	Paris rue St-Paul, n° 19.	Cuisinière	3.300 fr.	»	Logement, nourriture, blanchissage, chauffage.	11 mois

sonnes qu'ils ont occupées pendant l'année précédente, avec l'indication des appointements, salaires ou gages payés à chacune d'elles.

L'état doit indiquer :

1° Les nom et adresse de toutes les personnes qui ont été occupées pendant l'année précédente; c'est-à-dire non seulement les ouvriers, ouvrières et employés travaillant dans les ateliers, usines, magasins ou bureaux de l'employeur, mais également les personnes qui étant attachées à l'entreprise sont occupées au dehors, telles que des ouvriers disséminés, les commis-voyageurs, etc.;

2° Le montant des traitements, salaires, gages, remises, commissions, parts de bénéfices, primes, gratifications, etc., rétributions payées à chacune d'elles au cours de ladite année.

Les indemnités spécialement allouées pour couvrir des frais nécessités par l'emploi, tels que frais de voyage ou de déplacement ne doivent pas être omis. Mais il est utile que le montant de ces indemnités ne soit pas confondu avec celui des sommes payées à d'autres titres et ressorte distinctement, afin que l'attention de l'Administration soit appelée sur les dépenses supportées par l'intéressé et dont le montant effectif est susceptible d'être retranché de l'ensemble de ses émoluments lors de la fixation du revenu imposable;

3° Les avantages accordés *en nature*, c'est-à-dire : logement, chauffage, éclairage, nourriture, etc., sans cependant en fixer l'évaluation, ce soin appartenant à l'Administration;

4° La période à laquelle s'appliquent ces traitements lorsqu'elle est inférieure à une année, mais supérieure à trente jours consécutifs.

L'obligation de fournir ces renseignements est générale, c'est-à-dire qu'elle s'étend aux patrons et employeurs de tout ordre, sans en excepter les particuliers n'occupant des employés ou salariés que pour leur service domestique ou privé.

Lorsque des employés sont rémunérés en tout ou en partie par les pourboires ou rétributions analogues, l'employeur est tenu de faire connaître au contrôleur les nom et domicile de ses employés et le cas échéant la part de salaire qu'il leur paie directement en argent ou en nature et la période à laquelle s'appliquent ces traitements, lorsqu'elle est inférieure à un an, mais supérieure à 30 jours consécutifs.

Il est bien entendu que les employeurs doivent porter sur l'état, sans avoir à se préoccuper de la situation et des charges de famille des intéressés, tous ceux de leurs employés, ouvriers, auxiliaires, domestiques, etc., dont les appointements, salaires, ou gages ramenés à l'année dépassent 7.000 fr. Mais ils n'y feront figurer ni les personnes dont les appointements ou salaires ne dépassent pas 7.000 fr., ni celles qui ont été employées pendant moins de trente jours consécutifs.

Enfin, il se peut que certains chefs d'entreprise éprouvent quelque embarras à discerner si le montant net de la rémunération accordée à un ouvrier ou un employé, notamment lorsque cette rémunération comporte des avantages *en nature*, dépasse ou non le minimum imposable, c'est-à-dire 7.000 fr. La meilleure solution consiste, en cas de doute, à fournir les renseignements prévus par la loi en laissant à l'Administration le soin d'examiner si l'intéressé est ou non passible de l'impôt.

Renseignements à fournir pour les personnes employées par plusieurs entreprises. — Toutefois pour les personnes qui remplissent des fonctions susceptibles d'être exercées simultanément auprès de plusieurs entreprises, telles que les fonctions d'administrateur, membre ou secrétaire de Comités ou Conseil de direction, de gestion ou de surveillance, quelle qu'en soit la dénomination : commissaires des comptes, trésorier, etc., doivent figurer sur l'état quel que soit le montant de leurs rémunérations ramenées à l'année quand bien même ces rémunérations seraient passibles de la taxe d'enregistrement sur le revenu des valeurs mobilières.

Les chefs d'entreprises sont, en outre, tenus de faire connaître au Contrôleur le montant des commissions, courtages ou autres rémunérations qu'ils ont versées à l'occasion de l'exercice de leur profession, à des courtiers, commissionnaires ou autres intermédiaires de commerce n'ayant pas la qualité de salariés, ainsi que le montant des honoraires, vacations ou autres rémunérations susceptibles d'entrer en compte pour l'établissement de l'impôt sur les bénéfices des professions non commerciales et dont le montant brut, au cours de l'année, aura atteint, pour une même personne, la somme de 1.000 fr. quelles que soient les localités où sont domiciliés le déclarant et le contribuable.

Où doivent être adressés les renseignements fournis par les employeurs et patrons?

— Les divers renseignements que doivent fournir les employeurs et patrons relativement à leur personnel employé doivent être adressés avant le 1er février de chaque année au Contrôleur des Contributions directes du lieu où se trouve situé l'établissement au service duquel sont attachées les personnes qu'ils concernent et où sont payés les traitements et salaires.

Sanctions pour contraventions. — Une amende de 100 fr. majorée du décime est encourue par l'employeur ou patron, pour toute omission ou indication inexacte relevée.

Saisie-arrêt. — La saisie-arrêt peut être employée par l'Administration pour le recouvrement de l'impôt cédulaire sur les salaires, si la mise en demeure adressée par le percepteur au contribuable pour s'acquitter demeure sans résultat.

Réclamations. — Elles doivent être adressées dans un délai de trois mois au Contrôleur à partir du premier jour du mois qui suit la publication des rôles.

Connexité de revenus. — Voir page 195.

VII. — Impôt sur les bénéfices des professions non commerciales

On entend par « bénéfices des professions non commerciales» tous les revenus qui ne sont pas le produit des seuls capitaux, et qui ne proviennent ni de l'exercice de professions industrielles et commerciales, ni de l'exploitation agricole, et ne sont pas atteints par l'impôt sur les traitements, salaires, pensions et rentes viagères.

Professions imposables. — Dans cette catégorie sont compris les bénéfices :

1° *Des professions libérales,* c'est-à-dire les professions où l'activité intellectuelle joue le principal rôle;

2° *Des charges et offices;*

3° *Des occupations ou exploitations lucratives non soumises à un impôt spécial sur le revenu.*

Personnes passibles de l'impôt. — Dans la catégorie des professions libérales, sont compris : les médecins, les dentistes, sages-femmes, vétérinaires, avocats inscrits au barreau et avocats stagiaires, à l'exclusion des avocats-conseils; les personnes exerçant une profession se rapportant aux lettres, arts, sciences et enseignement libre, notamment; les auteurs, poètes, hommes de lettres, littérateurs, romanciers, conteurs, artistes peintres, sculpteurs, dessinateurs, musiciens, le professeur libre travaillant à son compte, les ministres des cultes, les artistes dramatiques et lyriques, chimistes, astronomes, les architectes, experts-métreurs, experts-géomètres, les traducteurs-jurés, les agents d'assurances, s'ils ne sont ni employés, ni intermédiaires, facteurs de fabriques, etc.

Dans la catégorie des *charges et offices* sont compris : les huissiers, commissaires-priseurs, les notaires, avoués, mandataires agréés près des tribunaux de commerce, les avocats au Conseil d'Etat et à la Cour de Cassation, les syndics de faillite et liquidateurs, etc.

Enfin, dans la catégorie *des occupations et exploitations lucratives* dont les profits ne sont pas soumis à un impôt spécial sur le revenu, sont compris les commissionnaires et intermédiaires qui, sans être commerçants, touchent accidentellement une commission : les fermiers généraux sous-louant des propriétés rurales qu'ils ont prises à bail; les bailleurs de propriétés louées pour la chasse; les loueurs de chambres et d'appartements meublés dès l'instant qu'il ne s'agit pas de locaux spécialement aménagés pour la location, et pourvus d'un personnel de service; les éditeurs de journaux et de périodiques n'imprimant pas leurs publications; les directeurs des établissements privés d'enseignement; le possesseur d'un brevet d'invention qu'il n'exploite pas lui-même; les héritiers d'un écrivain ou compositeur pour les droits d'auteur encaissés; les concessionnaires de bureaux de tabac se livrant à la vente exclusive ou principale de cette plante; le concessionnaire des eaux d'une ville; de droits sur les places et marchés; certains représentants de commerce (Voir page 70), les femmes galantes ou entretenues, les manucures, cartomanciennes, etc., etc.

Personnes non imposables. — Par contre ne sont pas assujettis à l'impôt sur les bénéfices des professions non commerciales : les négociants, fabricants et industriels qui font habituellement des actes de commerce, les agents de change, les courtiers, courtiers d'assurances maritimes, courtiers-interprètes, conducteurs de navires, les agents d'assurances et représentants de commerce qui agissent en qualité d'intermédiaires libres et pour leur compte personnel, etc., etc.

Nota. — Les greffiers ne sont pas assujettis à la cédule des professions non-commerciales, mais sont imposables à celle des traitements et salaires.

Qui doit l'impôt? — L'impôt est dû par toute personne dont le *bénéfice* net réalisé l'année précédant celle de l'imposition dépasse la somme de 7.000 francs.

Le bénéfice net seul est imposable. — Les bénéfices divers classés dans la catégorie des bénéfices de professions non-commerciales sont imposables à raison de leur montant net.

Comment déterminer le bénéfice net. — Le bénéfice net correspond à l'excédent des recettes totales encaissées par l'intéressé sur les dépenses nécessitées par l'exercice de la profession.

En conséquence, pour déterminer le bénéfice net, il convient donc d'abord de totaliser toutes les recettes encaissées, c'est-à-dire honoraires, vacations, commissions, voire même les cadeaux, s'ils constituent un élément du bénéfice professionnel.

Dès que le contribuable a fixé le montant de ses recettes totales réellement encaissées, il doit en déduire les dépenses qu'il a effectuées à l'occasion de l'exercice de sa profession.

Dépenses à déduire. — Les dépenses déductibles sont de nature diverses et varient suivant les professions ou l'exploitation envisagée. Parmi celles dont il y a lieu de faire état le plus fréquemment, on peut citer :

— Les frais du loyer des locaux spécialement affectés à l'exercice de la profession — notamment le loyer des études, bureaux, cabinets, salons, salles d'attente, etc.;

— Les frais de bureau et d'entretien des locaux;

— Les frais d'éclairage, de chauffage et de nettoyage de ces locaux;

— Les frais d'encaissement des notes d'honoraires et factures;

— Les frais de téléphone;

— Les frais d'assurances diverses, notamment contre le vol, l'incendie, etc.

— L'amortissement du mobilier du bureau et des autres locaux affectés à la profession;

— Les appointements, ristournes et autres rémunérations allouées aux employés, auxiliaires, clercs, collaborateurs divers;

— Les frais de déplacement effectués à l'occasion de la profession;

— Les frais de voitures nécessités par la profession;

— Le montant de l'impôt cédulaire sur les

bénéfices des professions non commerciales pour l'année précédente, etc., etc.

Dépenses non déductibles. — Par contre est interdite la déduction des frais du loyer des appartements particuliers, des dépenses de maison, des gages de la domesticité privée et de toutes autres dépenses d'ordre personnel.

A noter que les intérêts d'une dette hypothécaire ne sont pas déductibles, pas plus d'ailleurs que l'impôt foncier et la cote mobilière.

Bénéfice taxable. — Le montant des diverses dépenses déduit du montant de toutes les recettes réalisées donne le bénéfice taxable.

Personnes imposables. — L'impôt est établi au nom des personnes qui ont réalisé les bénéfices imposables. De ce fait, le mari, la femme et les enfants, s'ils exercent chacun une profession non-commerciale, sont imposables chacun séparément.

Lieu d'imposition. — L'impôt est établi au lieu de l'exercice de la profession ou, le cas échéant, du principal établissement.

Taux de l'impôt. — Le taux de l'impôt est de 12 0/0, sans double décime.

Calcul de l'impôt. — Le calcul de l'impôt

s'effectue de façon différente, selon qu'il s'agit de bénéfices provenant *de professions non commerciales* proprement dites ou de *charges et offices.*

a) *Professions non commerciales.* — Pour les professions non commerciales proprement dites, le *bénéfice net* est retenu dans son intégralité, c'est-à-dire qu'aucune déduction n'est admise pour situation ou charges de famille. Toutefois, comme pour les traitements et salaires, l'impôt ne frappe que la partie des bénéfices nets supérieurs à 7.000 francs, ce qui revient à dire que la fraction du bénéfice net n'excédant pas 7.000 francs est entièrement exonérée.

En outre, la fraction comprise entre 7.000 et 10.000 francs est comptée pour le quart; la fraction comprise entre 10.000 et 20.000 pour la moitié; la fraction comprise entre 20.000 et 40.000 pour les trois quarts, et le surplus pour la totalité.

Au revenu imposable ainsi obtenu est appliqué le taux de 12 0/0.

b) *Charges et offices.* — Comme pour les professions non commerciales, l'intégralité des bénéfices est retenue pour le calcul de l'impôt, c'est-à-dire qu'aucune déduction n'est admise pour situation ou charges de famille. En outre, l'impôt est calculé dans les mêmes conditions que pour les bénéfices industriels et commerciaux, c'est-à-dire sans abattement ni réduction, et d'après un barème déterminé suivant qu'il s'agit d'un bénéfice inférieur ou supérieur à 50.000 francs. (Voir page 85.)

Réductions d'impôt pour charges de famille. — Si le contribuable n'a droit sur ses bénéfices à aucune déduction pour situation et charges de famille, il a droit cependant, comme pour les autres impôts cédulaires, à *des réductions d'impôt* pour charges de famille sur le montant *brut de l'impôt*. Ces réductions sont calculées dans les conditions indiquées page 206.

1er *Exemple du calcul de l'impôt.* — a) *Professions non commerciales.* — Prenons un homme de lettres marié, ayant 2 enfants mineurs, non salariés, et ayant réalisé 20.000 fr. de bénéfices nets au cours de l'année précédente. Nous supposons que ce contribuable n'a pas d'autres ressources. La déclaration qu'il a adressée au contrôleur pour l'établissement de l'impôt général sur le revenu ne mentionne par conséquent pour tout que 20.000 francs de revenu net.

Voici comment doit être calculé l'impôt que ce contribuable aura à payer au titre des bénéfices des professions non commerciales.

Fraction de 1 à 7.000 exemptée, soit........	0
Fraction comprise entre 7.000 et 10.000, c'est-à-dire 3.000 comptée pour le quart, soit...	750

Fraction comprise entre 10.000 et 20.000, soit 10.000 fr. comptée pour la moitié, soit.... 5.000

Le total des revenus taxables est égal à..... 5.750

En appliquant le taux de 12 % à 5.750 francs, nous avons le montant de l'impôt brut, soit :

$$\frac{5.750 \times 12}{100} = 690 \text{ fr.}$$

Mais comme ce contribuable a 2 enfants mineurs non salariés, il a droit à une réduction d'impôt.

Quelle est cette réduction?

Comme marié, ce contribuable a droit pour l'assiette de *l'impôt général* sur le revenu (v. p. 206) d'abord à une déduction sur son bénéfice net de.............................Fr. 3.000

Ensuite pour ses 2 enfants mineurs à une déduction de 3.000 fr. par enfant, soit pour 2. 6.000

Le total des déductions auxquelles a droit ce contribuable sur son revenu net s'élève à.... 9.000

Son revenu net total étant de 20.000 fr., ses déductions pour charges de famille s'élèvent à 9.000 fr., le revenu *taxable à l'impôt général sur le revenu* sera donc de :

20.000 — 9.000, soit de 11.000 francs

En sorte que le revenu imposable de ce contribuable, après déductions pour charges de famille dépasse 10.000 francs.

De ce fait (Voir Réductions d'impôt pour charges de famille, page 211), les réductions d'impôt pour charges de famille auxquelles a droit l'intéressé seront de 5 % par personne à sa charge, soit pour ses deux enfants de 10 %.

Le contribuable envisagé a donc droit sur le montant de son impôt brut qui s'élève à 690 fr., à une réduction de :

$$\frac{690 \times 10}{100} = 69 \text{ fr.}$$

L'impôt net qu'il aura à payer sera donc de :

$$690 - 69 = 621 \text{ fr.}$$

2e *Exemple de calcul de l'impôt.* — Prenons un médecin célibataire, sans charges de famille, ayant réalisé un bénéfice net de 60.000 francs dans l'année. L'impôt qu'il aura à payer sera calculé comme suit :

Déterminons d'abord le revenu taxable.

Fraction comprise entre 1 à 7.000, exemptée, soit.	0
Fraction comprise entre 7.000 et 10.000, soit 3.000 fr. comptée pour le 1/4, soit $\frac{3.000}{4}$ = .	750
Fraction comprise entre 10.000 et 20.000, soit 10.000 comptée pour moitié, soit $\frac{10.000}{2}$ = ...	5.000
Fraction comprise entre 20.000 et 40.000, soit 20.000 comptée pour les 3/4 = $\frac{20.000 \times 3}{4}$ =	15.000
Fraction comprise entre 40.000 et 60.000, soit 20.000 comptée pour la totalité = ...	20.000
Total du revenu taxable.	40.750

En appliquant à cette somme de 40.750 fr. le taux de l'impôt, soit 12 %, nous aurons le montant de l'impôt brut à payer, c'est-à-dire $\frac{40.750 \times 12}{100} = 4.890$ fr.

Ce contribuable n'ayant aucune charge n'a donc pas droit à une réduction d'impôt. Il aura à payer au titre de ses bénéfices professionnels : 4.890 fr. d'impôt net.

3e *Exemple de calcul de l'impôt.* — b) *Charges et offices.* — Prenons maintenant un notaire, célibataire, sans charges de famille et ayant réalisé 60.000 francs de bénéfices nets dans son étude. De par sa profession ce contribuable se trouve assujetti à l'impôt qui frappe les bénéfices provenant des charges et offices. Dès lors l'impôt qu'il aura à payer sera calculé comme s'il s'agissait de bénéfices industriels et commerciaux. (Voir page 85). C'est-à-dire que ses bénéfices étant supérieurs à 50.000 fr., l'impôt doit être calculé à raison de 15 % de ses bénéfices. En sorte que ce contribuable aura à payer :

$$\frac{60.000 \times 15}{100} = 9.000 \text{ fr.}$$

Comme ce contribuable n'a pas de charges de famille, l'impôt net qu'il aura à payer pour ses 60.000 francs de bénéfices réalisés au titre de « Charges et Offices » sera donc de 9.000 francs.

Obligations des redevables. — Déclaration à effectuer. — Toute personne passible de l'impôt sur les bénéfices des professions non commerciales doit produire avant le 1er mars de chaque année une déclaration indiquant le montant de son bénéfice brut, celui de ses dépenses professionnelles et le chiffre de son bénéfice net de l'année précédente.

Les redevables qui sont astreints par les règlements à la tenue d'une comptabilité doivent, en outre, la représenter à toute réquisition du contrôleur, à l'appui des énonciations de leur déclaration.

Pour les officiers ministériels, la production de la comptabilité ne peut être exigée que pour les écritures de la comptabilité étude, à l'exclusion de celles qui concernent les dépôts de fonds appartenant aux clients.

La déclaration peut être effectuée sous une forme quelconque, voire sur une simple feuille de papier, dès l'instant qu'elle contient tous les renseignements nécessaires, sur le nom du redevable, son domicile, sa profession, le montant de son bénéfice brut, celui de ses dépenses professionnelles et son bénéfice net de l'année précédente.

La déclaration doit être adressée sous pli affranchi, ou remise au contrôleur des Contributions directes du lieu de l'imposition.

Contrôle des déclarations par les signes extérieurs. — Le contrôleur peut demander aux intéressés tous les renseignements susceptibles de justifier l'exactitude des chiffres déclarés.

Ainsi, si la déclaration ne semble pas correspondre au train de vie du contribuable, le contrôleur, après avoir réuni différents éléments précis en ce qui concerne les dépenses ostensibles — telles : logement, domesticité, voitures de luxe, villégiatures, etc., — peut mettre l'intéressé en demeure de justifier de la différence entre le montant de la déclaration et celui des dépenses apparentes.

S'il juge les renseignements qui lui sont fournis insuffisants, il établit la base de l'imposition et notifie au contribuable le chiffre qu'il se propose de substituer à celui de la déclaration, en indiquant les motifs qui lui paraissent justifier le redressement. Le contrôleur invite en même temps l'intéressé à présenter, s'il y a lieu, ses observations par écrit ou verbalement, dans un délai de vingt jours.

Si le désaccord persiste entre le contrôleur et le contribuable, il est soumis à l'appréciation d'une commission consultative siégeant au chef-lieu de chaque département, dont tous les membres sont soumis aux obligations du secret professionnel, et dont voici la composition :

Le président du tribunal civil du chef-lieu ou, en cas d'empêchement, un membre du même tribunal par lui désigné, président;

Un avocat désigné par le bâtonnier du barreau du département ou, à défaut de barreau constitué, un avoué désigné par les présidents des Chambres de discipline du département;

Un notaire désigné par les présidents des Chambres de discipline;

Un médecin désigné par les syndicats de médecins du département ou, à défaut, par le préfet.

Au cas où le contribuable n'appartiendrait pas à aucune des professions visées ci-dessus, il aurait le droit de réclamer la présence au sein de la commission d'un représentant des syndicats ou des associations corporatives dont il fait partie, et qui serait à la désignation de ces associations ou, à leur défaut, du préfet.

Trois membres suppléants sont désignés dans les mêmes conditions.

Enfin, la commission comprend, en outre, un inspecteur des Contributions directes désigné par le directeur départemental, et remplissant les fonctions de secrétaire rapporteur avec voix délibérative. Il convient de signaler que plusieurs commissions peuvent être instituées dans un même département. Dans ce cas, le président du tribunal civil désigne les membres de ce tribunal pour présider lesdites commissions.

Les contribuables, étant convoqués au moins dix jours avant la réunion de la commission, sont invités à se faire entendre où à faire parvenir leurs observations écrites.

Après examen des motifs invoqués par l'Administration et par le contribuable, la Commission formule par écrit son avis indiquant le chiffre du bénéfice professionnel qui lui paraît pouvoir être attribué au contribuable.

L'avis de la commission est ensuite notifié au contribuable par l'Administration, qui l'informe en même temps du chiffre d'après lequel elle se propose, elle, de le taxer. Si ce chiffre est conforme à l'évaluation de la commission, le redevable ne peut obtenir de réduction par voie de réclamation devant la juridiction contentieuse qu'en apportant la preuve du chiffre exact de ses bénéfices. Dans le cas contraire, la charge de la preuve devant la juridiction contentieuse incombe à l'Administration, en tant que le revenu pris pour base de l'impôt excède le chiffre indiqué par la commission.

Signalons que ce mode de contrôle et de conciliation est applicable depuis le 1er janvier 1926.

Taxation d'office. — Toute personne passible de l'impôt sur les bénéfices des professions non commerciales qui n'a pas souscrit de déclaration avant le 1er mars est invitée par le contrôleur à produire cette déclaration dans un délai de vingt jours. Si le redevable se conforme à l'invitation du contrôleur, la déclaration est vérifiée et le bénéfice imposable est fixé dans les conditions applicables au cas de déclaration produite en temps opportun.

Mais si le contribuable ne répond pas à l'invitation du Contrôleur, il est taxé d'office. Toutefois le contribuable peut élever une réclamation contre cette taxation après la publication du rôle.

Il en est de même quand le contribuable ne fournit pas dans un délai de vingt jours les justifications qui lui sont demandées ou quand il ne représente pas sa comptabilité.

Majoration d'impôt. — Lors de la taxation d'office, le montant de l'impôt est majoré de moitié.

En ce qui concerne l'insuffisance reconnue du bénéfice déclaré, elle donne lieu au quintuplement de la fraction de l'impôt afférent à la partie du bénéfice dissimulé. L'application de cette majoration est, au reste, subordonnée à la double condition que les contribuables ne peuvent établir leur bonne foi et que l'insuffisance relevée excède le dixième du revenu imposable ou 20.000 fr.

Supplément d'imposition. — Au cas où l'insuffisance de bénéfice déclaré vient à être découverte après l'établissement de l'imposition, un supplément d'impôt comportant éventuellement l'application de la majoration de 50 % peut être réclamé au contribuable et être valablement compris dans un rôle supplémentaire dans l'année même de l'imposition, soit au cours des cinq années suivantes.

Réclamations. — (Voir chapitre « Réclamations », page 216.

Connexité de revenus. — Voir page 195.

Sanctions contre la fraude. — Voir page 215.

CHAPITRE II

IMPOT GÉNÉRAL SUR LE REVENU

Qu'est-ce que l'impôt général sur le revenu? — L'impôt général ou impôt global sur le revenu frappe l'ensemble des ressources dont dispose le contribuable. Alors en effet que les impôts cédulaires, c'est-à-dire : l'impôt foncier, l'impôt sur les traitements et salaires, l'impôt sur les bénéfices industriels et commerciaux, sur les bénéfices agricoles, sur les bénéfices des professions non commerciales, etc., etc., atteignent séparément chacune des ressources du contribuable, l'impôt général ou impôt global sur le revenu, au contraire, frappe la totalité des diverses ressources du redevable, peu importe que la totalité de ces ressources soit composée de salaires, traitements, bénéfices, revenus, etc. De là son appellation « d'impôt général » ou « d'impôt global » sur le revenu.

Sous le régime fiscal actuel les revenus, traitements, salaires, bénéfices, etc., se trouvent donc, de ce fait, frappés deux fois par l'impôt : une fois séparément et une fois globalement; c'est pourquoi l'impôt général sur le revenu est encore appelé « impôt de superposition ».

Personnes imposables. — L'impôt général sur le revenu est dû chaque année par toute personne ayant en France au 1er janvier une résidence habituelle et ayant disposé l'année précédant immédiatement celle de l'imposition, d'un total de revenus ou ressources divers dépassant, après application des déductions accordées pour charges de famille et des dépenses grevant lesdits revenus ou ressources, 7.000 fr.

Pour être assujetti à l'impôt général sur le revenu, il faut donc avoir, d'abord une résidence habituelle en France, puis ensuite avoir bénéficié l'année précédente de plus de 7.000 francs de ressources diverses *nettes.*

Qu'entend-on par résidence habituelle? — Sont considérées comme ayant en France une résidence habituelle, toutes les personnes possédant une habitation à leur disposition, à titre de propriétaire, d'usufruitier ou de locataire.

Pour les personnes domiciliées soit à l'étranger, soit dans les colonies ou pays de protectorat, elles sont considérées comme possédant en France une résidence habituelle lorsqu'elles y ont une habitation à leur disposition, pourvu que leur installation présente un caractère suffisant de permanence.

Enfin, sont également considérées comme ayant en France une résidence habituelle les personnes qui sans disposer d'une habitation dans les conditions qui viennent d'être définies, ont néanmoins en France le lieu de leur séjour principal.

Les personnes vivant à l'hôtel, en meublé ou en pension de famille peuvent être assujetties à l'impôt général sur le revenu.

Qui est passible de l'impôt? — En principe, c'est le chef de famille ayant la disposition de la totalité des ressources familiales qui est seul passible de l'impôt général sur les revenus pour ses revenus propres, pour ceux de sa femme, ceux de ses enfants et des autres membres de sa famille vivant avec lui. Cependant, ce n'est pas là une règle absolue. Le contribuable a, en effet, toujours le droit d'obtenir, sur sa demande expresse, que ses enfants ou tous autres membres de sa famille, *sauf, toutefois, pour sa femme lorsqu'il est marié,* soient traités comme des redevables distincts, s'ils tirent un revenu de leur travail ou d'une fortune personnelle.

Quant à la femme mariée, elle n'est *personnellement* imposable que si, étant séparée de biens, elle ne vit pas en fait, avec son mari.

Formalités à accomplir. — Tous les contribuables passibles de l'impôt général sur le revenu sont tenus de *souscrire et de renouveler* sous la foi du serment, chaque année au cours des deux premiers mois, c'est-à-dire avant le 1er mars, une déclaration de leur revenu avec l'indication, par nature de revenu des divers éléments qui le composent.

Les contribuables qui sont affranchis de l'impôt du fait que leur revenu imposable n'excède pas 7.000 fr., sont également tenus d'en faire chaque année la déclaration, s'ils ont été inscrits au cours de l'année précédente, aux rôles des impôts cédulaires pour un total de revenus de 1.500 fr. au moins ou s'ils ont encaissé, pendant la même année 1.500 fr. au moins de revenus et valeurs mobilières autres que les bons de la Défense Nationale à échéance d'un an au plus et les rentes 4 % or de 1925.

La non-application de ces dispositions donne lieu à de sévères sanctions.

Formules spéciales de déclaration. — La déclaration et le renouvellement d'une déclaration peuvent être valablement produites sous une forme quelconque, voire sur une simple feuille de papier, pourvu que toutes les énonciations indispensables y soient mentionnées. Toutefois, il est préférable que les contribuables fassent emploi des formules administratives. Celles-ci, ainsi que les imprimés spéciaux relatifs à l'énumération des personnes à la charge du contribuable, sont mises gratuitement à la disposition des intéressés dans toutes les mairies, dans tous les bureaux des contrôleurs des Contributions directes et dans certaines villes, comme Paris, dans les bureaux de poste.

A qui doit être adressée la déclaration? — La déclaration et le renouvellement de la déclaration doivent être adressés, *sous pli affranchi,* au contrôleur principal des Contributions directes de la commune, ou du quartier de la résidence unique ou du principal établissement du contribuable. La déclaration peut être également portée au bureau du contrôleur et remise dans ce cas sans affranchissement. Le contrôleur dans les jours qui suivent, en accuse réception. Au cas où le contrôleur dans un délai d'un mois, omettrait cette formalité, il est prudent de le lui signaler. Il se peut, en effet, que la déclaration soit égarée, ce qui pourrait créer des ennuis au contribuable.

Le contribuable a intérêt à conserver soigneusement, *jusqu'à la réception* de ses feuilles d'avertissement, l'accusé de réception de sa déclaration.

Comment rédiger la déclaration? — Sur la formule qu'il s'est procurée gratuitement, le contribuable inscrit d'abord ses nom et prénoms, le lieu de sa résidence ou, s'il a plusieurs résidences, le lieu de son principal établissement; puis la désignation de ses occupations professionnelles.

S'il est chef d'entreprise? Il indique la situation du siège de son exploitation.

S'il est employé d'une administration publique ou d'une entreprise privée? Il fait connaître en précisant la nature de son emploi, quelle est l'administration ou l'entreprise à laquelle il est attaché. Il doit indiquer ensuite s'il est célibataire, marié, veuf ou divorcé.

S'il est marié, il relate la date et le lieu de son mariage; s'il est veuf la date et le lieu du décès du conjoint.

A-t-il des enfants? Il doit le mentionner. Tous ses enfants sont-ils morts? Il doit en faire la déclaration.

Il doit également indiquer si, au 1er janvier de l'année au cours de laquelle il fait sa déclaration, il avait moins de trente ans, la date et le lieu de sa naissance. Il doit aussi signaler s'il est titulaire d'une pension d'invalidité accordée en vertu de la loi du 31 mars 1919 et mentionner le pourcentage d'invalidité reconnu.

Si le contribuable a des personnes à sa charge, il doit porter sur sa déclaration la mention suivante : « Voir feuille ci-jointe ». En effet, c'est sur une formule spéciale, qu'il se procurera, ainsi que nous l'avons déjà dit, en même temps que celle relative à la déclaration de ses revenus, que le contribuable doit mentionner les personnes qui sont à sa charge.

Enfin, si le contribuable entend ne pas totaliser les revenus des membres de sa famille avec le sien pour l'établissement de l'impôt, il doit le signaler dans un cadre réservé à cet effet. Mais dans ce cadre, il ne peut faire figurer *ni sa femme*, sauf dans le cas où elle serait séparée de biens et ne vivrait pas avec lui; *ni les personnes* qu'il a désignées sur la formule spéciale, comme étant à sa charge.

Classement des ressources. — Le contribuable doit ensuite détailler distinctement les différentes ressources de revenus dont il a disposé l'année précédente. A cet effet, il doit se conformer, pour énumérer ses ressources, au classement qui a été fixé par la loi. La loi, a en effet, établi huit catégories dans lesquelles doivent être rangées toutes les diverses ressources dont peuvent disposer les contribuables et dont voici l'énumération :

1° Revenus provenant des propriétés foncières bâties;

2° Revenus provenant des propriétés foncières non bâties;

3° Revenus des valeurs et capitaux mobiliers;

4° Bénéfices de l'exploitation agricole;

5° Bénéfices industriels et commerciaux;

6° Bénéfices de l'exploitation minière;

7° Traitements publics et privés, indemnités et émoluments, salaires, pensions et rentes viagères;

8° **Bénéfices de professions non commerciales** (professions libérales, charges et offices, occupations et exploitations lucratives non dénommées ci-dessus).

Le contribuable doit donc détailler ses revenus ou ressources suivant cette nomenclature. Il ne devra pas oublier d'incorporer dans ces diverses ressources la valeur des profits et avantages *en nature* que le contribuable retire de la possession de ses capitaux immobiliers ou qui constituent une rémunération de son travail. Par exemple un contribuable qui en dehors d'une rémunération en espèces bénéficierait d'un logement gratuit, de la nourriture, du chauffage, etc., devra le mentionner. Ce sont là, en effet, des profits qui complètent son traitement ou salaire et dont il est tenu compte pour l'évaluation de ses ressources.

Quant aux pensions servies par application de la loi du 31 mars 1919, elles n'entrent pas dans le calcul de l'évaluation des ressources du contribuable.

Le revenu imposable est un revenu net. — L'impôt général sur le revenu est dû, nous l'avons dit, chaque année par toute personne ayant en France, au 1er janvier une résidence habituelle. En outre, il faut avoir disposé pendant l'année immédiatement antérieure à celle de l'imposition, d'un total de revenus et gains de toute sorte et de toute provenance — c'est-à-dire revenus ayant leur source tant en France qu'à l'étranger — dépassant 7.000 fr., après déduction faite des réductions accordées par la loi pour charges de famille et des dépenses légalement reconnues, grevant chacun desdits revenus. Il s'ensuit donc que *le revenu imposable*, c'est-à-dire celui qui doit être mentionné sur les déclarations est *un revenu net*.

Comment déterminer le revenu net? — La détermination du revenu net s'effectue en *deux opérations :*

Première opération. — Elle consiste à prendre chacune des catégories de revenus bruts et à en défalquer les dépenses qui ont été effectuées pour l'entretien, la réalisation ou la conservation des revenus afférents à chacune de ces catégories de ressources. Cette première opération permet ainsi de déterminer le *revenu net* de chaque *catégorie de ressources.*

Seconde opération. — Elle consiste à faire d'abord le total des revenus nets, ainsi déterminés de toutes les catégories de revenus, puis à déduire du chiffre obtenu le montant des charges admises par la loi qui grèvent *l'en-*

semble des revenus du contribuable. Cette seconde opération fixe le montant global du revenu net imposable.

1re opération : Dépenses à déduire de chaque catégorie de ressources pour obtenir un revenu net. — Les dépenses à déduire du montant brut de chacune des catégories de ressources sont les suivantes :

1° *Pour les revenus provenant des propriétés foncières bâties.* — Le revenu brut des propriétés bâties, c'est-à-dire, maisons d'habitation et bâtiments affectés à un usage commercial, industriel ou agricole — est formé lorsque ces propriétés sont louées, par les sommes des loyers effectivement encaissés par le propriétaire.

Pour avoir le revenu net il convient donc de déduire de ce revenu brut :

a) *Les frais de gestion* relatifs aux propriétés louées soit : la rémunération du gérant, le salaire du concierge, les abonnements pour fourniture d'eau, gaz, électricité, les dépenses de chauffage, celles occasionnées par le fonctionnement d'ascenseurs, etc., à condition que ces dépenses ne soient pas récupérées sur les locataires.

b) *Les frais d'entretien,* c'est-à-dire frais de vidange, dépenses de réparations de toute nature, dépenses provenant du nettoyage et du ravalement des façades, etc.;

c) *Les frais d'assurances* contre des risques divers, comme l'incendie, bris des glaces, dégâts causés par les eaux, etc.;

d) *Enfin l'amortissement du capital immobilier,* c'est-à-dire l'annuité nécessaire pour constituer à l'expiration de la durée normale de l'immeuble un capital de volume égal à celui que le propriétaire a consacré à la construction ou à l'acquisition de la propriété.

On doit, par contre, s'abstenir de comprendre parmi les frais d'entretien les dépenses effectuées en vue de donner une plus-value aux immeubles et en accroître le rendement — comme par exemple les agrandissements, les constructions d'annexes, les améliorations intérieures, etc. Seul *l'amortissement* de ces dépenses peut être déduit du revenu brut.

Remarque. — Aux lieu et place du revenu réel de l'immeuble calculé comme il vient d'être dit, le contribuable peut faire état sur sa déclaration du revenu net qui sert de base à l'assiette de la contribution foncière, lequel est fixé forfaitairement par l'Administration et figure sur les feuilles d'avertissement de l'impôt foncier. Toutefois, en la circonstance, le contrôleur peut toujours substituer le montant du revenu *réel* à celui du revenu *net imposable* qui sert de base à la contribution foncière.

2° *Pour les revenus provenant de propriétés non bâties.* — Si ces propriétés sont affermées, leur revenu *brut* se trouve constitué par le montant des fermages perçus, y compris la valeur des redevances en nature.

Le revenu net s'obtient en déduisant du produit brut le montant des dépenses payées par le propriétaire, c'est-à-dire la rétribution du régisseur, les frais d'entretien des clôtures, de curage des fossés, de remplacement des arbres à fruits, etc., et, en outre, l'amortissement des installations immobilières *autres que les bâtiments* existant sur la propriété.

Si le propriétaire exploite lui-même sa terre, soit seul, soit avec le concours de métayers ou colons, ou bien s'il s'en réserve la jouissance pour son agrément, le revenu brut de la propriété est évalué au prix du loyer dont ladite propriété pourrait être louée. Dans ce cas, *le revenu net* de la propriété s'obtient en déduisant de ce revenu brut les dépenses payées par le propriétaire et n'ayant pas le caractère de dépenses d'exploitation.

Enfin, comme pour les propriétés bâties, aux lieu et place du revenu réel, déterminé comme il vient d'être indiqué, le contribuable a la faculté de faire état sur sa déclaration de l'impôt général sur le revenu, le revenu net évalué forfaitairement par l'Administration et servant de base à l'assiette de l'impôt foncier. Le chiffre de ce revenu forfaitaire figure d'ailleurs sur la feuille d'avertissement dudit impôt. Ici également, en certains cas, le contrôleur peut substituer le revenu réel au revenu forfaitaire évalué par l'Administration.

3° *Pour les revenus provenant de capitaux mobiliers.* — On entend par revenus de valeurs et capitaux mobiliers, les arrérages, intérêts, dividendes et tous autres produits provenant :

— Des rentes, obligations et autres effets publics émis par l'Etat français, par les colonies françaises et par les Etats étrangers;

— Des actions, parts d'intérêts, parts de fondateurs, commandites, obligations et emprunts de toute nature des sociétés et collectivités françaises et étrangères;

— Des créances hypothécaires, privilégiées et chirographaires;

— Des dépôts de sommes d'argent;

— Des cautionnements en numéraire;

— De la valeur de ceux des revenus ci-dessus énumérés qui sont payables en monnaies étrangères et convertis en francs au cours du change.

A noter que les revenus provenant de la rente 4 0/0 or 1925 et les intérêts des bons de la Défense nationale à échéance d'un an au plus ne doivent pas être déclarés. Ils sont, en effet, exonérés de tout impôt — cédulaire et impôt général sur le revenu —. Par contre, les revenus de toutes les autres valeurs émises par l'Etat français, bien qu'exonérés de tout impôt spécial, sont assujettis à l'impôt général sur le revenu. De ce fait, ils doivent être déclarés et, par conséquent, compris dans le décompte des revenus de valeurs et capitaux mobiliers du contribuable.

Les revenus des valeurs mobilières proprement dits — rentes, actions, obligations, etc., — sont considérés comme ayant été réellement encaissés au jour de leur échéance.

Pour déterminer le revenu net des valeurs et capitaux mobiliers, il convient de déduire du montant du revenu brut :

— Les impôts annuels payés par les propriétaires de ces valeurs et capitaux, c'est-à-dire la taxe sur le revenu, le droit de timbre, le droit de transmission;

— Puis les dépenses de plus faible importance, parmi lesquelles on peut citer : les frais de garde et d'encaissement, payés aux banques ou établissements de crédit. Par contre, ne sont pas admises en déduction les dépenses afférentes au prix de la location d'un coffre-fort.

4° *Pour les revenus provenant de bénéfices de l'exploitation agricole.* — Le bénéfice net de l'exploitation agricole est déterminé dans les conditions ci-après :

1° Quand l'exploitant d'une propriété rurale la tient en location, les bénéfices de l'exploitation sont constitués par l'excédent des recettes totales provenant de la vente des produits de la culture ou de l'élevage sur les dépenses supportées par l'exploitant, et qui sont les suivantes :

Loyer payé au propriétaire du fonds et charges accessoires;

Intérêt des capitaux empruntés à des tiers ainsi que des avantages et produits en nature et engagés dans l'entreprise;

Salaires et gages des ouvriers et employés, qui leur sont concédés;

Frais généraux d'exploitation;

Assurances diverses — notamment contre la grêle, l'incendie, la mortalité du bétail, les accidents du travail;

Le montant de l'impôt payé l'année précédente au titre de l'impôt cédulaire sur les bénéfices de l'exploitation agricole;

Amortissement du matériel agricole.

2° Quand c'est le propriétaire qui exploite directement, le bénéfice net se trouve également déterminé par l'excédent des recettes totales sur les dépenses effectives de l'exploitant. Les dépenses à déduire des recettes sont les mêmes, *à l'exclusion du prix du loyer*, que celles que nous venons d'énumérer dans le cas de l'exploitation en location d'une propriété rurale.

Les sommes dépensées pour donner une plus-value à l'outillage et celles affectées à l'extension de l'entreprise ou à la constitution de réserves, *ne doivent pas être comprises* parmi les dépenses à déduire des recettes totales pour la détermination du bénéfice net.

Le contribuable a également ici la faculté, pour la déclaration de son revenu global, de prendre le bénéfice forfaitaire calculé par l'Administration, en appliquant à la valeur locative des terres exploitées des coefficients appropriés et fixés pour l'année de l'imposition. En cas de contestation avec l'Administration à cet égard, se reporter aux règles indiquées à la cédule des bénéfices agricoles, page 56.

5° *Pour les revenus provenant de bénéfices industriels, commerciaux et autres.* — Le bénéfice net d'une exploitation industrielle ou commerciale, pour une période déterminée, se trouvera constitué par l'excédent des recettes réalisées sur les frais et charges ayant grevé l'entreprise. Les charges effectivement supportées par les exploitants peuvent seules être régulièrement déduites des recettes obtenues.

Les frais et charges à déduire des recettes brutes pour dégager le bénéfice net sont toutes les dépenses faites pour assurer le fonctionnement de l'exploitation ou résultant des charges incombant à l'entreprise, que ces dépenses aient été payées ou que l'entreprise en reste débitrice.

Quand l'exploitation a pour but la vente des marchandises, les dépenses à déduire comprennent :

a) S'il s'agit de marchandises achetées, le coût de ces marchandises, c'est-à-dire leur prix d'achat majoré des frais accessoires de commission, transport, assurance, etc.;

b) S'il s'agit de marchandises fabriquées, le coût des matières premières et des divers produits consommés ainsi que les frais de main-d'œuvre et autres frais spéciaux de fabrication.

Ces premières réductions effectuées, déterminent le produit brut de l'entreprise.

De ce produit brut ainsi obtenu, il y a lieu ensuite de déduire les frais généraux de l'exploitation dont voici les principaux :

Appointements et salaires des employés;

Commissions et courtages;

Frais d'expédition, de correspondance, de bureaux, de publicité;

Dépenses d'entretien du matériel et du mobilier;

Frais de chauffage et d'éclairage;

Assurance contre l'incendie, les accidents du travail et autres risques;

Les impôts afférents à l'entreprise tels l'impôt cédulaire sur les bénéfices industriels et commerciaux;

La patente;

Le loyer des locaux professionnels et du matériel, s'ils n'appartiennent pas à l'exploitant;

La valeur locative des immeubles affectés à l'exploitation s'ils appartiennent à l'exploitant;

Les intérêts des capitaux prêtés par des

tiers à l'entreprise sous une forme quelconque, c'est-à-dire souscriptions d'obligations, versement en compte, commandites, etc..

Les amortissements généralement admis d'après les usages de chaque nature d'industrie ou de commerce, etc.

Par contre ne pas retrancher du bénéfice brut ni l'intérêt alloué au capital de l'exploitant, ni les prélèvements que celui-ci effectue, pour la rémunération de son travail personnel, sur le produit de son exploitation.

Le produit brut de l'exploitation d'une entreprise commerciale ou industrielle, diminué des frais généraux, des charges annuelles et amortissements, ainsi que nous venons de les détailler, laisse apparaître le bénéfice net. Toutefois l'exploitant n'a qu'à indiquer sur sa déclaration la partie de ce bénéfice qui lui reste définitivement acquise.

En conséquence, *les participations* allouées au personnel par un industriel ou par un commerçant exploitant seul une entreprise sont à déduire sans exception du bénéfice net.

Ne doivent pas être déduits également du bénéfice brut, *les réserves*, sous quelque dénomination qu'elles soient présentées.

Les provisions pour créances litigieuses par exemple peuvent être déduites du bénéfice net, mais elles devront être incorporées dans le bénéfice net de l'exercice suivant si la perte en prévision de laquelle elles ont été constituées ne s'est pas produite.

Enfin il convient de signaler que pour les commerçants et industriels dont le bénéfice net n'excède pas 50.000 fr. et qui n'apportent pas la preuve du chiffre exact de ce bénéfice, il est fait état du bénéfice moyen de la catégorie dans laquelle les intéressés sont rangés en vue du calcul de l'impôt cédulaire.

Ainsi un commerçant dont le bénéfice est compris dans la tranche 20.000 à 25.000 fr., sera imposé sur un bénéfice moyen de 22.500 francs. Toutefois si ce commerçant a réalisé un bénéfice net inférieur à cette somme et dont il puisse justifier, il a le droit de réclamer l'imposition sur le montant dudit bénéfice net.

Nota. — Les règles visées au § 5° n'intéressent que l'industriel ou le commerçant exploitant son entreprise lui-même ou par personne interposée (gérant, régisseur, etc.). Les sociétés, en effet, ne sont pas passibles de l'impôt général sur le revenu : les bénéfices qu'elles distribuent doivent être déclarés par les ayants droit.

6° *Pour les revenus constitués par des traitements publics ou privés, indemnités, salaires, pensions et rentes viagères.* — Le revenu brut se compose du montant intégral de toutes les rétributions perçues en espèces, c'est-à-dire, appointements ou salaires fixes, allocations variables, indemnités, émoluments divers ainsi que des avantages en *argent* ou en *nature* accordés aux intéressés. Par avantages en nature, il faut entendre : le logement, chauffage, éclairage, nourriture, etc., fournis gratuitement. Par contre, ne sont pas imposables, les sommes reçues exclusivement à titre d'allocations familiales ou de sursalaire familial, ni d'ailleurs les indemnités pour charges de famille allouées aux fonctionnaires des administrations publiques.

Pour obtenir le revenu net il convient de déduire du montant brut des traitements, salaires, pensions, rentes viagères, etc., c'est-à-dire du montant total de toutes les sommes perçues *en argent* ou *en nature,* les dépenses suivantes :

Les retenues supportées et les versements effectués pour la constitution de pension de retraite. Signalons, à cet effet, que la déduction des sommes destinées à la constitution de retraites n'est pas limitée aux seuls versements ou retenues obligatoires. Les versements volontaires effectués pour la constitution de retraites à des caisses diverses peuvent également être déduits sous la réserve, cependant, qu'il s'agisse uniquement d'une opération de prévoyance proportionnée à l'importance du salaire et non d'un véritable placement.

Ainsi un contribuable ayant touché 10.000 francs de salaire ou traitement dans son année qui déduirait 1.000 fr. comme versement effectué à une caisse de retraite, ce qui représente 10 % de son salaire brut s'expose à voir cette réduction rejetée par le contrôleur comme étant trop élevée et disproportionnée avec l'importance du salaire. En principe, il ne faut pas que la déduction effectuée au titre de dépense faite à l'occasion d'un versement à une caisse de retraite, dépasse 6 % du salaire brut, taux qui correspond à la retenue pratiquée par les administrations publiques et privées, sur les appointements ou salaires des employés ou ouvriers pour la constitution d'une pension de retraite. Par conséquent, un contribuable ayant gagné 10.000 fr. dans son année ne pourra déduire comme versement à une caisse de retraite que 6 % de ces 10.000 francs, soit 600 fr.

Les frais qui d'autre part, peuvent être régulièrement retranchées du montant brut des traitements et salaires, etc., sont ceux occasionnés spécialement et directement par l'exercice de la fonction ou les obligations de l'emploi et constituant proprement des frais de service ou dépenses professionnelles. C'est ainsi que peuvent être déduits : le prix du loyer des locaux exclusivement affectés au service, rétributions d'auxiliaires, les frais de nourriture supplémentaires, frais de tournées, de voyages ou de déplacement réellement déboursés; sont à déduire également les frais de transport pour se rendre au bureau, au magasin et en revenir, à condition toutefois que l'éloignement du domicile du lieu du travail soit le fait de circonstances indépendantes de la volonté du contribuable. Il n'est pas douteux par exemple que dans les grandes villes, à Paris notamment, la crise du logement empêche le redevable de fixer son domicile à proximité de son travail.

Enfin, est à déduire également des émoluments bruts, le montant de l'impôt payé l'année précédente au titre de *l'impôt cédulaire* sur les traitements, salaires, indemnités, etc.

Pensions et rentes viagères. — Pour les pensions et rentes viagères les seules déductions à effectuer concernent, en dehors de l'impôt cédulaire payé l'année précédente, des menues dépenses, telles que les frais de certificat de vie que pourrait nécessiter la perception de leurs arrérages. Rappelons que sous cette dénomination sont rangées les pensions civiles et militaires à l'exception toutefois, de celles servies à des mutilés, veuves et ayants droit des morts de la guerre de 1914 à 1919; les pensions des retraites des départements et des communes; les retraites versées par des entreprises privées, les retraites constituées sur la Caisse nationale des retraites pour la vieillesse, les retraites ouvrières et paysannes, celles des employés et ouvriers des mines, etc. Les traitements attachés aux décorations de la Légion d'honneur et de la Médaille militaire sont assimilables aux pensions. Enfin, dans la même catégorie doivent être rangées les pensions alimentaires servies en vertu des obligations résultant des dispositions du Code civil.

7° *Pour les revenus provenant de bénéfices des professions non commerciales.* — Ici également le montant net des bénéfices des professions non commerciales se trouve constitué par l'excédent des recettes totales réalisées sur les dépenses nécessitées par l'exercice de la profession ou plus exactement par la réalisation desdites recettes.

Ces dépenses déductibles sont de natures diverses. Elles varient suivant la profession ou l'exploitation de l'intéressé. Toutefois parmi celles dont il y a lieu de faire état le plus fréquemment, il convient de citer :

Le loyer des locaux spécialement affectés à l'exercice de la profession;

Les frais d'entretien, d'éclairage et de chauffage de ces locaux;

La rémunération des employés, aides et collaborateurs;

Les travaux de copie exécutés par des auxiliaires;

Les frais de bureau, de déplacement, d'encaissement des notes d'honoraires ou factures;

Les courtages, commissions, ristournes distribués;

Le montant de l'impôt cédulaire payé l'année précédente au titre des bénéfices des professions non commerciales;

Les frais de représentation, etc.

Par contre, bien se garder de déduire les frais du loyer des appartements particuliers; les frais de maison; les gages de la domesticité privée et en un mot, toutes dépenses d'ordre personnel, etc. Ces diverses dépenses ne seraient pas, en effet, acceptées par le contrôleur.

Au reste ainsi que nous l'avons signalé lors de l'examen de l'impôt cédulaire sur les bénéfices des professions non commerciales (voir page 139) le contrôleur peut demander aux intéressés tous les renseignements susceptibles de justifier l'exactitude des chiffres déclarés. S'il juge ces renseignements insuffisants, il établit la base de l'imposition et notifie au contribuable le chiffre qu'il se propose de substituer à celui de la déclaration, en indiquant les motifs qui lui paraissent justifier le redressement; il invite en même temps l'intéressé à présenter s'il y a lieu ses observations par écrit ou verbalement dans un délai de vingt jours.

Si le désaccord persiste, il est soumis à l'appréciation d'une Commission consultative siégeant au chef-lieu de chaque département et dont nous avons donné la composition à la rubrique de l'impôt cédulaire sur les bénéfices des professions non commerciales (voir page 140).

L'avis de la Commission est notifié au contribuable. Si le chiffre de la Commission est le même que celui de l'administration, le contribuable ne peut obtenir de réduction par voie de réclamation contentieuse qu'en apportant la preuve du chiffre exact de ses bénéfices. Dans le cas contraire, c'est-à-dire si le chiffre de la Commission est inférieur à celui de l'administration, c'est à cette dernière qu'incombe la charge de le prouver devant la juridiction contentieuse en tant que le revenu pris pour base de l'impôt excède celui indiqué par la Commission.

Soulignons que ce contrôle s'applique aux déclarations souscrites depuis le 1er janvier 1926.

8° *Pour les revenus provenant de bénéfices de l'exploitation minière.* — Les concessionnaires d'une exploitation assujettie à la redevance proportionnelle des mines doivent comprendre dans leur revenu global la quote-part ou la totalité qui lui revient dans le produit net de l'exploitation.

Inscription des revenus nets sur la déclaration. — Le contribuable ayant déterminé, comme il vient d'être dit, les ressources nettes de ses diverses sources de revenus, doit ensuite les mentionner sur la formule de déclaration par catégories en ayant soin de distinguer les revenus encaissés en France de ceux encaissés directement ou indirectement à l'étranger. En d'autres termes les revenus encaissés en France et ceux encaissés à l'étranger doivent être inscrits séparément.

Tant pour les revenus encaissés en France que pour ceux encaissés à l'étranger, c'est le montant net de chaque catégorie de ressource qui doit être porté sur la déclaration. C'est ainsi que doivent être inscrits : le montant net des revenus de propriétés foncières bâties; celui des revenus de propriétés foncières non bâties; le montant net des revenus de valeurs et capitaux mobiliers; celui des bénéfices agricoles; des bénéfices industriels et commerciaux; de l'exploitation minière; le montant net des traitements, salaires, indemnités, émoluments, pensions et rentes viagères; le montant net des bénéfices des professions non commerciales.

Recommandation particulière. — Si le contribuable a des enfants ou une femme salariés, il aura soin de mentionner séparément sur la déclaration le montant net du salaire de sa femme, de celui de chacun de ses enfants et du sien. Cette distinction a une grande importance pour l'établissement de l'impôt cédulaire sur les traitements et salaires.

Ainsi que nous l'avons déjà dit pour les bénéfices de l'exploitation agricole, le contribuable a le choix de mentionner sur sa déclaration, soit le *bénéfice réel,* soit celui évalué forfaitairement par l'application de coefficients à la valeur locative. Pour les bénéfices industriels et commerciaux le bénéfice net seul est retenu et doit être mentionné sur la déclaration.

Pour les bénéfices des professions non commerciales, il est indispensable de détailler la nature de ces bénéfices, c'est-à-dire s'ils proviennent de charges et offices ou de professions libérales ou bien encore d'occupations ou exploitations lucratives diverses.

Enfin pour les revenus fonciers des propriétés bâties et non bâties, il est permis de déclarer soit le *revenu réel* de ces propriétés; soit le *revenu net* servant de base à la contribution foncière évalué forfaitairement par l'administration et qui figure sur la feuille d'avertissement relative à l'impôt foncier.

Totalisation des revenus nets. — Quand le contribuable a terminé l'inscription détaillée de ses revenus nets ainsi que nous venons de l'indiquer, il en fait le total qu'il reporte ensuite à la dernière page de la déclaration dans le cadre réservé à cet effet, sous la rubrique « Récapitulation ».

2e opération. — Déduction des charges grevant l'ensemble des revenus nets. — Une fois cette opération terminée, le redevable doit compléter sa déclaration en mentionnant, dans les cadres réservés également à cet effet et portant les titres de :

1° Intérêts des dettes contractées ou arrérages de rentes payées à titre obligatoire;

2° Impôts directs;

3° Pertes résultant d'un déficit d'exploitation;

Les charges dont il entend retrancher le montant, de l'ensemble de ses revenus nets, et dont il n'a pas été tenu compte dans la détermination des revenus nets de chaque catégorie de ressources. C'est à la condition expresse que cette formalité sera accomplie que les charges qui grèvent l'ensemble des revenus nets du contribuable pourront être déduites. Au cas où la description de ces charges ne serait pas effectuée, le revenu qu'accuserait la déclaration serait d'office augmenté du montant des déductions faites irrégulièrement.

Description des charges grevant l'ensemble des revenus nets du contribuable. — Les charges dont le contribuable est en droit de demander la réduction, à condition, nous le répétons, *de les mentionner dans les cadres qui lui sont réservés dans la déclaration, et non de les déduire de sa propre autorité*, sont les suivantes :

1° *Intérêts de dettes contractées ou arrérages de rentes payés à titre obligatoire.*

a) Intérêts des dettes et emprunts, y compris les dettes hypothécaires; c'est-à-dire les dettes contractées à l'occasion d'un emprunt ou d'un acte quelconque, quelle que soit la forme. Au reste, pour que la déductibilité soit admise, il suffit que la réalité de ces dettes soit démontrée d'une façon certaine et qu'elles aient été réellement payées durant l'année précédente. Par contre, les intérêts des capitaux empruntés et engagés par le contribuable dans des entreprises industrielles, commerciales et agricoles, qui ont été déjà retranchés lors de la détermination du revenu net, ne doivent pas être mentionnés. Ils feraient, en effet, double emploi.

Le remboursement d'un capital emprunté n'est pas déductible, seuls les intérêts le sont.

Les primes versées à une compagnie d'assurances sur la vie ne sont pas également admises en déduction.

b) Les arrérages de rentes payées à titre obligatoire, y compris les libéralités faites à des collectivités ou à des œuvres d'utilité publique, en vertu d'engagements réguliers. Sont également admises en déduction et par conséquent doivent être inscrites dans cette rubrique, les pensions alimentaires dont le caractère obligatoire est affirmé par les dispositions du code civil; puis la rente servie à un enfant à titre de dot à condition que la constitution de ladite rente résulte d'une clause du contrat de mariage, soit d'un tout autre titre pouvant faire foi en justice. Mais ne pas inscrire par contre la rente servie par un contribuable, même à un membre de sa famille, *sans engagement ou obligation légale*. Cette libéralité n'est pas, en effet, admise en déduction de revenus.

2° *Contributions directes et taxes assimilées.* — Toutes les contributions et taxes assimilées perçues par voie de rôles nominatifs au profit de l'Etat, des départements, des communes et des associations autorisées, telles les Chambres de commerce, Bourses, etc... C'est ainsi que peuvent être déduits et par conséquent doivent être inscrits dans le cadre de la déclaration réservé à cet effet :

— L'impôt général sur le revenu payé l'année précédente;

— La contribution des portes et fenêtres;

— La contribution mobilière;

— Les taxes assimilées, prestations, balayage, pianos, etc..

En général tous les impôts directs et taxes assimilées qui n'ont pas été déduits des impôts cédulaires.

A noter que ces impôts ne sont déductibles qu'autant qu'ils ont été acquittés ou remboursés à ceux qui en ont fait l'avance, comme par exemple la contribution des portes et fenêtres. Cependant si les rôles de l'impôt ont été émis tardivement, le contribuable est autorisé à les déduire bien qu'ils n'aient pas été entièrement acquittés.

3° *Pertes résultant d'un déficit d'exploitation.* — Sous ce titre, le contribuable est autorisé à mentionner, pour être déduite de son revenu net global, la somme qu'il a dû prélever sur ses revenus annuels pour combler la perte résultant d'un déficit d'exploitation d'entreprise industrielle, commerciale ou agricole. Exemple : un commerçant qui, par le fait d'un sinistre, a perdu le montant de son bénéfice normal soit 40.000 francs et a dû prélever, pour faire face à ce déficit, une somme de 15.000 francs sur ses autres ressources annuelles a le droit de mentionner pour être déduite cette somme de 15.000 francs représentant l'excédent de sa perte commerciale.

Autre exemple : un employé qui a dû rembourser en plus de son traitement une somme de 1.000 francs pour une erreur de caisse, a droit également à la déduction de cette somme de 1.000 francs qu'il a prélevée sur ses autres ressources pour parfaire le remboursement de l'erreur.

Sont également déductibles et de ce fait à mentionner, les pertes subies dans l'exercice de toute profession non commerciale et celles qui résulteraient pour un propriétaire d'immeubles de l'excédent des dépenses de réparations et d'entretien afférentes à des propriétés dont il ne se réserverait pas la jouissance, sur les recettes provenant des loyers et fermages.

Telles sont les diverses charges, admises par la loi, que le contribuable est autorisé à déduire de l'ensemble de ses revenus nets, à condition expresse, nous le répétons, *de les mentionner sur sa déclaration.*

Revenu net imposable. — Ces différentes charges doivent être ensuite totalisées par paragraphe, puis le total de chaque paragraphe reporté à la dernière page de la déclaration dans le cadre réservé à cet effet et qui a pour titre « *Récapitulation* ». — Le contribuable retranche ensuite le total de ces diverses charges du montant global de ses revenus nets. Le résultat obtenu forme ce qu'on appelle le revenu net global du redevable, c'est-à-dire le revenu imposable.

Comment terminer la déclaration. — Là s'arrêtent les déductions qui doivent être opérées par le contribuable lui-même. C'est en effet à l'administration *qu'il appartient de déduire du revenu global net les charges auxquelles le redevable a droit pour situation de famille.* Dès que le contribuable a déterminé son revenu net global comme il vient d'être dit, il n'a plus qu'à certifier exactes sous *la foi du serment* les indications consignées sur la déclaration, puis à dater et enfin à signer. Ensuite il adresse sa déclaration *sous pli affranchi* au Contrôleur des Contributions directes ou la dépose au bureau de ce dernier. Là se terminent les formalités à accomplir par le contribuable pour déclarer ses revenus.

Avantages accordés en raison de la situation et des charges de famille. — Suivant sa situation et ses charges de famille, le contribuable a droit sur l'ensemble de ses revenus nets à des réductions qui sont les suivantes :

1° 3.000 francs s'il est marié.

Cette déduction est également acquise au contribuable veuf ayant à sa charge un ou plusieurs enfants issus de son mariage avec son conjoint décédé. Par contre n'y ont pas droit les contribuables veufs sans enfants ou divorcés, ni les époux qui, par exception, seraient séparément passibles de l'impôt.

2° 3.000 francs *par enfant mineur* et à sa charge, sans limitation de nombre, c'est-à-dire fils, fille, petit-fils, petite-fille, enfant recueilli.

3° 2.000 francs par *personne à charge* si le nombre ne dépasse pas cinq, c'est-à-dire par *enfant majeur et infirme* ou par ascendant, soit père, mère, grand-père, grand'mère, beau-père, belle-mère âgés de plus de 70 ans ou infirmes et à la charge du contribuable. Toutefois cet âge est abaissé à 60 ans à l'égard des femmes veuves, vivant sous le même toit que leur fils ou leur fille et à leur charge exclusive.

4° 3.000 francs par personne à charge à

partir de la sixième, *y compris les enfants mineurs.*

Ce qu'on entend par personnes à charge. — En principe, sont considérés comme personne à charge, les ascendants et les descendants. Pour la détermination des conditions que doivent remplir ces personnes, voir page 206.

La situation de famille doit être établie au 1er janvier. — C'est d'après la situation de famille du contribuable au 1er janvier de l'année d'imposition que doit être réglée l'application des déductions en faveur des contribuables mariés ou ayant des personnes à leur charge. De ce fait, un contribuable qui a perdu son père, âgé de 70 ans ou infirme, au cours d'une année n'a droit pour l'année suivante, et du chef de son père, à aucune déduction, ni totale, ni partielle.

Comment reconnaître si l'on est imposable. — C'est l'administration elle-même, nous l'avons dit, qui, en possession de la déclaration de situation de famille du contribuable effectue les déductions pour charges de famille auxquelles a droit ce dernier. Toutefois pour savoir s'il est oui ou non assujetti à l'impôt, le contribuable doit tenir compte des avantages qui lui sont accordés en raison de ses charges de famille. Il lui suffit de faire le total de toutes les déductions pour charges de famille auxquelles il a droit et d'ajouter le total obtenu à la fraction des revenus complètement exonérés d'impôt, soit 7.000 francs. Si le total obtenu dépasse le montant global de ses revenus nets, il n'est pas imposable; si, au contraire, il est inférieur il est imposable.

Chaque contribuable n'étant passible de l'impôt que si son revenu total net excède 7.000 francs, après application préalable des déductions qui viennent d'être indiquées, il s'ensuit, qu'en fait, un contribuable marié n'est imposable que si son revenu net dépasse 7.000 francs + 3.000 francs, soit 10.000 francs, s'il n'a pas d'enfant ni aucune personne à charge;

7.000 + 2 fois 3.000, soit 13.000 francs s'il a un enfant mineur à sa charge;

7.000 + 3 fois 3.000, soit 16.000 francs s'il a deux enfants mineurs à sa charge;

7.000 + 4 fois 3.000, soit 19.000 francs s'il a trois enfants mineurs à sa charge;

7.000 + 5 fois 3.000 + 2.000, soit 24.000 francs s'il a quatre enfants mineurs et sa mère ou son père à sa charge;

7.000 + 6 fois 3.000 + 2.000, soit 27.000 fr. s'il a quatre enfants mineurs, sa mère et son père de plus de 70 ans à sa charge; et ainsi de suite.

Cas où le contribuable n'est pas imposable. — En procédant ainsi le contribuable doit pouvoir reconnaître s'il est oui ou non imposable.

Dans le cas où un redevable n'étant pas imposable, juge à propos d'effectuer une déclaration, il consigne sur la formule les renseignements concernant les déductions auxquelles il aurait droit, mais *il n'est pas tenu d'indiquer le montant de ses revenus* et il peut se borner à porter sur la ligne réservée à cet effet, à la fin de la déclaration, la mention :

« Non imposable ».

Rappelons cependant que certains contribuables non imposables sont, de par la loi, tenus de faire chaque année la déclaration de leurs revenus, s'ils ont au cours de l'année précédente été inscrits aux rôles des impôts cédulaires pour un total de 1.500 fr. au moins, ou s'ils ont encaissé pendant la même année 1.500 francs au moins de revenus de valeurs mobilières autres que les bons de la Défense

Nationale à échéance d'un an au plus et les rentes 4 % 1925.

Calcul de l'impôt. — Le revenu net calculé comme il a été dit et préalablement diminué par les soins de l'Administration du montant des déductions prévues en faveur des contribuables mariés et ayant des charges de famille est taxé de la manière suivante :

Toute fraction de revenu inférieure à 100 fr. est négligée.

La partie inférieure à 7.000 francs est entièrement exonérée.

La partie comprise entre 7.000 et 20.000 fr. est comptée pour 1/25.

La fraction comprise entre 20.00 et 30.000 fr. pour 2/25.

La fraction comprise entre 30.000 et 40.000 francs pour 3/25.

La fraction comprise entre 40.000 et 50.000 francs pour 4/25.

La fraction comprise entre 50.000 et 60.000 francs pour 5/25.

Et ainsi de suite en augmentant d'un vingt-cinquième par tranche de 10.000 francs jusqu'à 100.000 francs; puis ensuite par tranche de 25.000 francs jusqu'à 400.000 francs et enfin par tranche de 50.000 fr. jusqu'à 550.000 fr.

La fraction de revenu excédant 550.000 fr. est comptée pour l'intégralité.

Au revenu taxable ainsi obtenu est appliqué le taux de 30 % sans double décime.

Autre mode de calcul de l'impôt. — Ce qui revient à dire que la fraction du revenu comprise entre 7.000 et 20.000 francs est taxée à raison de 1,20 % ;

la fraction comprise entre.......	20.000 et	30.000.	2,40 %
—	30.000 et	40.000.	3,60 %
—	40.000 et	50.000.	4,80 %
—	50.000 et	60.000.	6. » %
—	60.000 et	70.000.	7,20 %
—	70.000 et	80.000.	8,40 %
—	80.000 et	90.000.	9,60 %
—	90.000 et	100.000.	10,80 %
—	100.000 et	125.000.	12, » %
—	125.000 et	150.000.	13,20 %
—	150.000 et	175.000.	14,40 %
—	175.000 et	200.000.	15,60 %
—	200.000 et	225.000.	16,80 %
—	225.000 et	250.000.	18, » %
—	250.000 et	275.000.	19,20 %
—	275.000 et	300.000.	20,40 %
—	300.000 et	325.000.	21,60 %
—	325.000 et	350.000.	22,80 %

la fraction comprise entre......	350.000 et 375.000.	24, » %
—	375.000 et 400.000.	25,20 %
—	400.000 et 450.000.	26,40 %
—	450.000 et 500.000.	27,60 %
—	500.000 et 550.000.	28,80 %
Au delà de 550.000.................		30, » %

Majorations d'impôt applicables à certains contribuables qui n'ont pas de charges de famille. — Le montant de l'impôt général sur le revenu obtenu ainsi qu'il vient d'être indiqué est majoré de 25 % pour les contribuables âgés de plus de 30 ans qui sont célibataires ou divorcés et qui n'ont aucune personne à leur charge. Les veuves, qu'elles aient ou non des charges de famille, sont exemptes de cette majoration.

Il est majoré de 10 % pour les contribuables des deux sexes, âgés de plus de 30 ans, mariés depuis 2 ans au 1er janvier de l'année de l'imposition si, à cette même date, ils n'ont pas d'enfants et n'ont par ailleurs aucune personne à leur charge.

Sont exceptionnellement affranchis de ces majorations, dans tous les cas, les contribuables titulaires d'une pension de guerre, lorsqu'ils sont atteints d'une invalidité d'au moins

40 %, et les contribuables dont tous les enfants sont morts.

Réductions d'impôts pour charges de famille. — Si le contribuable a des charges de famille il a droit à des réductions *d'impôt* qui varient suivant que son revenu imposable ne dépasse pas 10.000 francs ou dépasse ce chiffre (voir page 206).

Premier Exemple du Calcul de l'Impot

Prenons un contribuable marié ayant un enfant mineur et possédant un revenu total de 40.000 fr.

Pour ce contribuable le montant de l'impôt sera déterminé comme ci-après :

Revenu net total ....Fr. 40.000

Déduction pour situation de famille :

1° Comme marié. 3.000

2° pour 1 enfant mineur. 3.000

Soit au total 6.000

Revenu net restant à considérer pour le calcul de l'impôt :

40.000 — 6.000, soit ....Fr. 34.000

Calcul de l'impôt :

Fraction de 1 à 7.000, exempte, soit........ 0

Fraction de 7.000 à 20.000, soit

$\frac{13.000 \times 1}{25}$ = ... 560

Fraction de 20.000 à 30.000, soit

$\frac{10.000 \times 2}{25}$ = ... 800

Fraction de 30.000 à 34.000, soit

$\frac{4.000 \times 3}{25}$ = ... 480

Total de revenu taxable. 1.840

Impôt à raison de 30 % :

$$\frac{30 \times 1840}{100} = 552 \text{ fr.}$$

Mais comme ce contribuable a 1 enfant mineur à sa charge et comme son revenu imposable est supérieur à 10.000 fr., puisqu'il s'élève après déduction pour charges de famille à 34.000 fr., il a droit à une réduction d'impôt de 5 %, c'est-à-dire à :

$$\frac{552 \times 5}{100} = 27 \text{ fr. } 60$$

Reste à payer comme impôt général sur le revenu :

552 fr. — 27 fr. 60 = 524 fr. 40

Deuxième Exemple. — Pour un contribuable marié ayant 4 enfants mineurs et 2 ascendants, âgés de 70 ans, à sa charge, et possédant un revenu net total de. . . . . .Fr. 60.000

Revenu net total du contribuable. 60.000

Déduction pour charges de famille :

1° 3.000 fr. comme marié;

2° 12.000 fr. pour ses 4 enfants mineurs;

3° 2.000 fr. pour 1 personne à charge;

4° 3.000 fr. pour une personne à charge au-dessus de 5.

Total des déductions : 20.000 francs.

Revenu imposable, c'est-à-dire revenu restant à considérer pour le calcul de l'impôt :

60.000 — 20.000 = 40.000 francs

Calcul de l'impôt sur les 40.000 francs.

Fraction comprise entre 1 à 7.000, exempte, soit. . . . . .Fr. 0

Fraction comprise entre 7.000 et 20.000, soit :

$$\frac{13.000 \times 1}{25} = \dots\dots \quad 560$$

» » » 20.000 et 30.000, soit :

$$\frac{10.000 \times 2}{25} = \dots\dots \quad 800$$

» » » 30.000 et 40.000, soit :

$$\frac{10.000 \times 3}{25} = \ldots\ldots\ 1.200$$

Total du revenu taxable. . . . . Fr. 2.560

Impôt brut à raison de 30 % :

$$\frac{2.560 \times 30}{100} = \ldots\ldots\ldots\ldots\text{Fr.}\ 768$$

mais comme ce contribuable a 6 personnes à charge et comme son revenu imposable est supérieur à 10.000 francs, puisqu'il s'élève à 40.000 fr., après déduction faite pour charges de famille, il a droit à une réduction sur l'impôt brut de :

1° Pour les 3 premières personnes 15 % (3 fois 5 %)
2° Pour les 3 autres. . . . . 30 % (3 fois 10 %)

Soit au total. . . . . 45 %

Il a donc droit sur son impôt brut de 768 fr. à une réduction de :

$$\frac{768 \times 45}{100} = 345 \text{ fr. } 60$$

L'impôt net qu'il aura à payer sera donc égal à :

768 — 345 fr. 60 = soit . . . . 422 fr. 40

Contrôle de la déclaration à l'impôt général sur le revenu. — La déclaration est vérifiée et contrôlée par le Contrôleur des Contributions directes, si celui-ci réunit des éléments précis permettant d'établir que les dépenses ostensibles du contribuable telles : logement, domesticité, voitures de luxe, villégiatures, etc., sont notoirement supérieures au revenu déclaré par ce dernier, il en avise le redevable lequel est tenu de justifier la différence.

Taxation d'office. — Faute de fournir ces justifications nécessaires dans un délai de 20 jours à partir du jour de la réception de l'avis du contrôleur, par lequel ces justifications lui sont demandées, le contribuable est taxé d'office.

Pénalité pour défaut de déclaration ou déclaration tardive. — Le contribuable non assujetti à l'impôt général sur le revenu mais qui a été, au cours de l'année précédente, inscrit aux rôles des impôts cédulaires pour un total de revenus de 1.500 francs au moins ou qui a encaissé, pendant la même année, 1.500 francs au moins de revenus de valeurs mobilières autres que les bons de la Défense Nationale à échéance d'un an au plus et les rentes 4 % 1925, le contribuable, disons-nous, qui n'aura pas envoyé dans le délai prescrit, c'est-à-dire avant le 1er mars, une déclaration de ses revenus, sera puni d'une amende de 30 francs sans décimes. L'amende sera infligée par le Directeur des Contributions directes et recouvrée par le percepteur.

Pour le contribuable assujetti à l'impôt qui n'a pas souscrit de déclaration dans les deux premiers mois de l'année, le montant de l'impôt est majoré de 25 %.

Pénalité pour déclaration insuffisante de revenus. — Pour une déclaration de revenus insuffisante d'au moins un dixième, les droits correspondant au revenu non déclaré sont majorés de 25 %. Cette majoration est portée au quadruple des droits si, l'insuffisance excédant, soit le dixième du revenu imposable, soit la somme de 20.000 francs, le contribuable n'établit pas sa bonne foi.

Ces diverses majorations sont calculées s'il y a lieu avec le double décime.

Défaut de déclaration des avoirs à l'étranger. — Le défaut de déclaration, comme la déclaration sciemment inexacte des avoirs mobiliers et immobiliers situés à l'étranger est punie d'une amende.

Est également puni d'une amende le contribuable qui, encaissant directement ou indirectement des revenus à l'étranger, a volontairement omis de faire sa déclaration ou omis d'y inscrire la mention spéciale afférente à ces revenus, ou bien s'il a dissimulé une partie de ses revenus.

Contribuable ayant cessé d'être imposable. — Le contribuable qui par suite d'une diminution survenue dans ses ressources ou d'un changement dans sa situation de famille, n'est plus imposable, doit en aviser le Contrôleur des Contributions directes, dans les deux premiers mois de l'année.

Changement de résidence. — Lors d'un changement de résidence, le contribuable doit en aviser le Contrôleur de son nouveau domicile.

CHAPITRE III

DISPOSITIONS COMMUNES A PLUSIEURS CÉDULES OU IMPOTS

Abattements et déductions

Du cumul des abattements et des déductions. — Dans l'examen de détail des divers impôts cédulaires, on a vu que pour certains d'entre eux une part du revenu net, variable suivant les cédules, est exonérée de l'impôt. Les sommes ainsi exonérées constituent ce qu'on appelle les *abattements ou les déductions* à la base.

Ainsi les bénéfices agricoles sont taxés après abattement d'une somme de 2.500 francs. En outre, la fraction comprise entre 2.500 et 4.000 francs est comptée pour 1/4; celle allant entre 4.000 et 8.000 francs pour la moitié et le surplus de 8.000 francs pour la totalité.

La cédule des traitements, salaires, etc., comporte des déductions de 3.000 francs pour la femme, de 3.000 ou de 2.000 francs pour chaque personne à charge, de 1.000 fr. pour invalidité de guerre; en outre, pour les sommes restant après les déductions qui précèdent, la tranche comprise entre 0 et 7.000 fr. n'est pas taxée, la tranche allant de 7.000 à 10.000 francs est comptée pour le quart; celle allant de 10.000 à 20.000 pour la moitié et celle allant de 20.000 à 40.000 pour les 3/4; le surplus est compté pour la totalité.

Les bénéfices non commerciaux ne sont taxés pour le net qu'après un abattement de 7.000 francs. En outre, la tranche allant de 7.000 à 10.000 francs est comptée pour le quart; celle allant de 10.000 à 20.000 francs pour la moitié et celle allant de 20.000 à 40.000 francs pour les trois quarts; le surplus est compté pour la totalité.

Pour les bénéfices industriels et commerciaux, ils sont taxés pour la totalité du revenu net.

Enfin pour les propriétés bâties et non bâties aucun abattement n'est prévu.

Si un contribuable est imposable à plusieurs des cédules ci-dessus envisagées, ou encore si un contribuable et sa femme sont taxés séparément soit à une même cédule soit à deux cédules différentes, ils ont droit, *sauf les exceptions prévues ci-après,* sur le revenu afférent à *chaque cédule,* aux abattements et aux déductions qui viennent d'être rappelés.

Exceptions :

a) Si le mari et la femme sont tous deux imposés séparément.

1° Ni le mari, ni la femme n'ont droit à la déduction de 3.000 francs pour mariage.

2° S'ils relèvent tous deux de la cédule des traitements et salaires, les déductions pour charges de famille ne s'appliquent qu'au salaire le plus élevé.

b) En vue de remédier à certaines inégalités, des règles spéciales ont été édictées lorsque les revenus d'un même contribuable proviennent à la fois d'une part, de bénéfices commerciaux, ou de traitements ou salaires, d'autre part, de bénéfices non commerciaux.

Premier cas. — Si un contribuable réalise à la fois des bénéfices commerciaux ou industriels et des bénéfices non commerciaux il devra séparer dans sa déclaration les deux catégories de revenus. Mais au point de vue des abattements et des déductions l'ensemble de ses deux revenus sera considéré comme provenant de bénéfices industriels et commerciaux. En ce qui concerne l'impôt, chaque catégorie de revenu sera taxée au taux spécial de sa cédule. En sorte qu'un contribuable qui réalise à la fois des bénéfices industriels et commerciaux et des bénéfices non commerciaux n'a droit pour ces derniers à aucun abattement, ni à aucune déduction.

Exemple. — Soit un contribuable ayant réalisé à la fois un bénéfice commercial ou industriel de 35.275 francs et un bénéfice non commercial de 25.000 fr. Il sera taxé pour 7.000 fr. au titre des bénéfices commerciaux et $\frac{25.000 \times 12}{100} = 3.000$ fr. au titre des bénéfices non commerciaux.

Si le même contribuable avait réalisé en outre un bénéfice de 15.000 fr. pour une exploitation agricole, pour un bien exploité à mi-fruits, par exemple, par un métayer, il serait taxé à part pour le bénéfice agricole et après déduction de 2.500 fr. Ensuite, la tranche allant de 2.500 à 4.000 de son revenu serait comptée pour le calcul de l'impôt pour le 1/4; celle allant de 4.000 à 8.000 fr. pour la moitié, le surplus pour la totalité. En sorte que son bénéfice taxable s'établirait comme suit :

jusqu'à 2.500 fr. compte pour	....	0
de 2.500 à 4.000 fr.	—	375
de 4.000 à 8.000 fr.	—	2.000
de 8.000 à 15.000 fr.	—	7.000
Total du revenu taxable	........Fr.	9.375

Pour son exploitation agricole, ce contribuable paierait donc $\frac{9.375 \times 12}{100} = 1.125$ francs.

Deuxième cas. — Si les revenus d'un contribuable proviennent à la fois de traitements, de salaires, de pensions et de bénéfices non commerciaux (autres que les bénéfices des charges et offices), il devra séparer dans sa déclaration les deux catégories de revenus. Mais au point de vue des abattements et des déductions, l'ensemble des deux revenus sera considéré comme appartenant à la cédule des traitements et salaires. Après les déductions légales sur le total, le revenu restant est à nouveau réparti entre les cédules, au prorata du montant des déclarations portées à chacune d'elle et la taxation dans chaque cédule est faite suivant le taux qui lui est propre.

Exemple. — Soit un contribuable marié et ayant deux enfants de 11 à 13 ans, non salariés et à sa charge; il perçoit un traitement annuel net de 20.000 fr., d'autre part une occupation non commerciale lui procure un revenu de 10.000 francs.

a) On totalise les revenus 20.000 + 10.000 = 30.000 francs.

b) On considère le total de 30.000 fr. comme appartenant à la cédule des traitements; le contribuable a droit à 3.000 fr. de déduction pour sa femme, si elle n'a ni salaire, ni revenu, et à 3.000 × 2 = 6.000 fr. pour ses deux enfants, soit au total 9.000 fr. Son revenu imposable est donc de :

30.000 — 9.000 = 21.000 francs

Or, la fraction de revenu imposable jusqu'à 7.000 fr. est comptée pour 0. La fraction comprise entre 7.000 et 10.000 est comptée pour le 1/4, soit.....Fr. 750

La fraction comprise entre 10.000 et 20.000 pour moitié, soit. 5.000

La fraction comprise entre 20.000 et 21.000 pour les 3/4, soit 750

Le revenu imposable ressort donc à 6.500

c) Ces 6.500 fr. sont à nouveau répartis entre la cédule des traitements et celle des bénéfices non commerciaux, au prorata des nombres 20.000 et 10.000.

On taxera à l'impôt des traitements :

$$\frac{6.500 \times 20.000}{30.000} = 4.333 \text{ fr.}$$

On taxera à l'impôt des bénéfices non commerciaux :

$$\frac{6.500 \times 10.000}{30.000} = 2.166 \text{ fr.}$$

d) Le contribuable sera taxé en définitive à :

$$\frac{4.333 \times 12}{100} = 519 \text{ fr. } 96$$ pour l'impôt sur les salaires et à $$\frac{2.165 \times 12}{100} = 159 \text{ fr. } 92$$ pour l'impôt sur les bénéfices non commerciaux. A ces sommes devront, comme dans tous les exemples donnés, être appliquées, s'il y a lieu, les réductions pour charges de famille.

Comme dans l'exemple précédent, si le contribuable déclare en outre des revenus de l'exploitation agricole, il est taxé à part pour ces revenus, et il profite des abattements propres à cette cédule.

De la déduction des intérêts des dettes

Comment obtenir la déduction d'impôt pour paiement des intérêts des dettes hypothécai-

res? — Le propriétaire d'un immeuble affecté par hypothèque, privilège ou en antichrèse (abandon total ou partiel de l'usufruit en garantie de la créance) a le droit d'obtenir le dégrèvement de l'impôt foncier (part de l'Etat) afférent à cet immeuble, à concurrence de la fraction de cet impôt frappant un revenu égal aux intérêts de la créance.

Ainsi le revenu matriciel (tel qu'il résulte de la matrice cadastrale) d'une maison est de 10.000 francs, l'impôt est 18 % de 10.000 fr. soit 1.800 francs (part de l'Etat), si l'immeuble est grevé d'une hypothèque nécessitant un service d'intérêt de 3.000 francs, le propriétaire a droit à une déduction d'impôt de 18 % × 3.000 = 640 francs.

La réclamation doit être présentée au Préfet, dans les trois mois du paiement des intérêts annuels, et dans la forme des réclamations en décharge ou réduction; elle est instruite et jugée comme ces dernières (voir page 216). La réclamation doit être appuyée de l'écrit qui constate le paiement des intérêts, écrit dûment revêtu des timbres mobiles représentant le montant de l'impôt sur le revenu des créances. Lorsque le prêt a été consenti par le Crédit Foncier, cette dernière formalité n'est pas exigée et l'on se bornera à justifier le paiement des intérêts.

Comment obtenir la déduction d'impôt pour le paiement des dettes chirographaires. — On appelle créances chirographaires celles qui ne comportent ni privilège, ni hypothèque. Les intérêts des dettes chirographaires peuvent être déduits des revenus du contribuable. Toutefois la déduction ne peut pas affecter les revenus des valeurs mobilières.

Lorsque la charge des intérêts est plus forte que les revenus de l'entreprise ou de l'exploitation pour les besoins de laquelle la dette a été contractée, la loi spécifie que les intérêts seront d'abord déduits des revenus de cette dernière cédule, le surplus sera déduit des autres cédules en commençant par celles dont le taux de taxation est le moins élevé, c'est-à-dire qu'on déduira le surplus d'abord de la cédule des traitements ou des bénéfices agricoles taxées à 12 %, si cela ne suffit pas le reste sera déduit de la cédule des professions non commerciales taxées à 12 % et s'il y a lieu on continuera par la cédule des bénéfices industriels taxés à 15 % pour les bénéfices supérieurs à 50.000 francs et d'après le barême établi pour les bénéfices inférieurs à 50.000 fr.;

enfin par les cédules foncières taxées à 18 %.

La même règle sera suivie lorsque l'affectation de la dette ne peut être aisément spécifiée, pour le motif que le contribuable a affecté l'emprunt à divers objets.

Exemple :

Soit une personne dont les revenus nets se présentent comme suit :

Revenus fonciers, 17.000 fr. (taux de taxation 18 %).

Bénéfices industriels, 3.000 fr. (taux de taxation, 15 %), ou suivant barème, voir page 86.

Bénéfices non commerciaux, 5.000 fr. (taux de taxation, 12 %).

Cette personne paie annuellement 10.000 francs d'intérêts pour une dette chirographaire contractée pour l'ensemble de ses exploitations. Il y a lieu de déduire 10.000 francs du revenu.

La déduction portera d'abord sur la cédule dont le taux de taxation est le moins élevé et qui est ici celle des bénéfices non commerciaux, elle affectera ensuite celle des cédules restantes dont le taux de taxation est le moins élevé, soit : les bénéfices industriels; le surplus s'il en reste sera déduit enfin du revenu foncier.

En définitive, les bénéfices non commerciaux et les bénéfices commerciaux dont le total donne 8.000 fr. absorberont ainsi 8.000 francs des intérêts des dettes et il restera 2.000 francs qui seront soustraits des 17.000 francs de revenus fonciers.

Le contribuable paiera seulement pour tous ses revenus au titre des impôts cédulaires :

$$\frac{15.000 \times 18}{100} = 2.700 \text{ francs.}$$

Aucun délai n'est imposé pour les demandes en déduction des intérêts des dettes chirographaires. Il suffira de s'adresser au contrôleur soit verbalement, soit par simple lettre, après le paiement annuel desdits intérêts. Les contribuables auront à justifier de la réalité de la dette, du versement des intérêts et du paiement de l'impôt sur le revenu des créances applicables à ces intérêts.

Imposition des droits omis

Toute omission totale ou partielle dans l'assiette des impôts cédulaires sur les bénéfices industriels, les bénéfices de l'exploitation agricole, les bénéfices non commerciaux, les traitements, salaires, peut être réparée jusqu'à l'expiration de la cinquième année qui suit celle au cours de laquelle l'impôt aurait dû être établi.

Cette règle s'applique à l'impôt général sur le revenu.

L'impôt sur les intérêts des créances prescrit par cinq ans, à compter du paiement des intérêts, mais l'amende du quintuple droit infligée au créancier, en cas de non paiement de l'impôt, peut embrasser une période de 10 ans.

L'impôt sur le revenu des valeurs mobilières prescrit également par cinq ans, et par dix ans pour les valeurs non abonnées dont les coupons sont perçus à l'étranger.

Du secret garanti aux contribuables

Les renseignements utilisés pour l'établissement de l'impôt général sur le revenu et des impôts cédulaires sur les traitements, salaires, pensions, bénéfices commerciaux et industriels, bénéfices de l'exploitation agricole, bénéfices non commerciaux ne doivent pas être révélés à des tiers par les personnes appelées à les connaître en raison de leurs fonctions ou de leurs attributions.

Toute infraction à cette prescription met en jeu les peines prévues par le Code pénal pour violation du secret professionnel (emprisonnement de 1 à 6 mois et amende de 100 à 500 francs).

Pour garantir les contribuables contre les indiscrétions, les avis et communications de toute nature intéressant les impôts ci-dessus énumérés, sont adressés sous enveloppes closes. Nul ne peut obtenir des extraits de rôles que pour ses propres impositions. Les réclamations ne sont pas communiquées aux maires et les arrêts que les tribunaux peuvent être appelés à prendre à leur sujet sont rendus en audience non publique.

A signaler que les listes de contribuables taxés sur leur propre déclaration à l'impôt général sur le revenu sont adressées aux maires; mais il est interdit de les publier partiellement ou en totalité, sous peine d'une amende de 1.000 à 10.000 francs ou d'un emprisonnement de un à cinq ans. Ces listes, dont la communication doit être faite aux contribuables qui le demandent, permettent de faire connaître les redevables qui n'ont pas souscrit de déclaration.

Des réductions d'impôts pour charges de famille

Si le contribuable a des charges de famille, il a droit à des réductions d'impôts qui varient suivant que son *revenu net global imposable* dépasse 10.000 francs ou ne dépasse pas 10.000 francs.

Quelles sont les personnes considérées comme étant à la charge du contribuable? — Ce sont :

D'une part, les ascendants paternels ou maternels et ceux de son conjoint, âgés de plus de 70 ans ou infirmes; toutefois, pour les femmes veuves, vivant sous le même toit que leur fils ou leur fille, et à leur charge exclusive, cet âge est abaissé à 60 ans;

D'autre part, les descendants, enfants ou petits enfants, légitimes, adoptifs, naturels ou adultérins, s'ils sont âgés de moins de 21 ans ou s'ils sont infirmes; et dans les mêmes conditions les enfants recueillis, même sans aucun lien de parenté ou d'alliance.

A noter : *a*) la femme du contribuable n'est considérée en aucun cas comme une personne à charge pouvant motiver une réduction d'impôt;

b) L'enfant majeur qui poursuit ses études et est en fait à la charge de ses parents, ne donne droit à aucune déduction. Un parent autre que ceux qui viennent d'être énumérés et à plus forte raison un étranger (à moins qu'il ne s'agisse d'un enfant) recueillis par charité ne sont pas, au regard de la loi, des personnes à charge;

c) En cas de divorce les enfants sont considérés comme étant à la charge exclusive du conjoint qui a obtenu la garde, même si l'autre conjoint paie une pension alimentaire.

Il n'est pas nécessaire (sauf en ce qui concerne les veuves) que les personnes à charge vivent sous le même toit que le contribuable; elles doivent recevoir une aide effective de ce dernier, et, si elles ne sont pas dépourvues de ressources, ne pas être imposées à l'impôt général sur le revenu.

La situation de famille à considérer est celle du 1er janvier. — Pour que les réductions d'impôts soient acquises, les personnes à charge doivent être vivantes au 1er janvier de l'année de la déclaration.

Quels sont les impôts passibles de réduction? — Ce sont : les deux contributions foncières (bâtie et non bâtie) pour la part de l'Etat seulement; l'impôt sur les bénéfices industriels et commerciaux; l'impôt sur les bénéfices de l'exploitation agricole, l'impôt sur les traitements, salaires, pensions; l'impôt sur le bénéfice des professions non commerciales et enfin l'impôt général sur le revenu.

Qui peut bénéficier des réductions d'impôts? — Ce sont seulement les particuliers, à l'exclusion des sociétés, c'est-à-dire qu'il n'y a lieu à réduction d'impôt pour charges de famille que lorsque l'imposition se fait au nom d'une personne nettement déterminée.

Il sera rappelé à ce sujet que les associés en nom collectif et les gérants des sociétés en commandite simple sont imposés individuellement pour leurs parts respectives dans les bénéfices; ils peuvent donc réclamer les réductions pour charges de famille.

Si un contribuable est imposable à plusieurs des impôts énumérés comme susceptibles de réduction, il a droit à la réduction pour chacun de ces impôts; ainsi un contribuable imposé au foncier bâti ou non bâti, aux revenus agricoles, aux salaires, aux bénéfices non commerciaux, à l'impôt général, peut demander une réduction pour chaque impôt. De même si le mari et la femme sont imposés séparément, chacun d'eux peut, pour chacune de ses cédules de revenu, demander les réductions pour les mêmes personnes à charge que son conjoint. Toutefois, en ce qui concerne *l'impôt général*, seul le chef de famille pourra réclamer la réduction d'impôt.

Calcul des réductions d'impôt. — Le taux des réductions porte sur le montant *des impôts* et non *sur les revenus;* il varie suivant que le revenu net total *imposable* du contribuable dépasse, ou ne dépasse pas 10.000 frs.

A cet effet, on envisage le total des revenus nets tel qu'il résulte de la déclaration à l'impôt général, puis on diminue, s'il y a lieu, des déductions auxquelles peut prétendre le contribuable pour situation et pour charges de famille, c'est-à-dire :

1° 3.000 francs s'il est marié. Cette déduction est également acquise au contribuable veuf ayant à sa charge un ou plusieurs enfants issus de son mariage avec son conjoint décédé. Par contre, n'y ont pas droit les contribuables veufs sans enfants ou divorcés, ni les époux qui, par exception, seraient séparément passibles de l'impôt;

2° 3.000 francs par enfant mineur et à sa charge, sans limitation de nombre (fils, fille, petit-fils, petite-fille, enfant recueilli;

3° 2.000 francs par personne à charge, si le nombre ne dépasse pas cinq, c'est-à-dire par enfant majeur et infirme ou par ascendant, soit père, mère, grand-père, grand'mère, beau-père, belle-mère âgés de plus de 70 ans ou infirmes et à la charge du contribuable. Toutefois cet âge est abaissé à 60 ans à l'égard des femmes veuves vivant sous le même toit que leur fils ou fille et à leur charge exclusive;

4° 3.000 francs par personne à charge à partir de la sixième, *y compris les enfants mineurs.*

Le revenu restant après ces déductions est le *revenu net global imposable* sur lequel sont basées les réductions d'impôt, tant pour les *impôts cédulaires* que pour l'*impôt général.*

Revenus ne dépassant pas 10.000 francs. — Si le redevable a un revenu net total ne dépassant pas 10.000 francs, c'est-à-dire compte tenu des déductions auxquelles l'intéressé a droit à raison de sa situation de famille, il a droit sur le montant total de l'impôt général sur le revenu et de ses impôts cédulaires, à l'exception de l'impôt sur les valeurs mobilières, à une réduction de 7,50 % pour chaque personne à sa charge jusqu'à la deuxième et de 15 % pour chacune des autres personnes à partir de la troisième sans limitation.

Revenus dépassant 10.000 francs. — Si le redevable a un revenu net total, après défalcation des réductions auxquelles il a droit à raison de ses charges de famille, dépassant 10.000 francs, il a droit à une réduction d'impôt de 5 % pour chacune des trois premières personnes à sa charge et de 10 % pour chacune des autres à partir de la quatrième, sans cependant que le montant total de la réduction d'impôt puisse dépasser, en ce qui concerne l'impôt général sur le revenu, 2.000 fr. par personne à la charge de l'intéressé, et pour ce qui est des impôts cédulaires passibles de réduction d'impôts, 300 francs par personne à charge du contribuable.

NOTA. — La femme du contribuable ne figure pas parmi les personnes à charge pouvant motiver une réduction d'impôt.

Exemple pour revenus ne dépassant pas 10.000 francs. — Contribuable dont le revenu imposable, c'est-à-dire revenu net total, diminué des réductions pour charges de famille, ne dépasse pas 10.000 francs.

Pour une personne à charge, taux de réduction d'impôt : 7,50 %.

Pour deux personnes à charge, taux de réduction d'impôt : 15 %.

Pour trois personnes à charge, taux de réduction d'impôt : 30 %.

Pour quatre personnes à charge, taux de réduction d'impôt : 45 %.

Pour cinq personnes à charge, taux de réduction d'impôt : 60 %.

Et ainsi de suite en augmentant de 15 % par personne.

Exemple pour revenus dépassant 10.000

francs. — Contribuable dont le revenu imposable, c'est-à-dire dont le revenu net total diminué des déductions pour charges de famille, dépasse 10.000 francs :

Pour une personne à charge, le taux de réduction de l'impôt est de 5 %.

Pour deux personnes à charge, le taux de réduction de l'impôt est de 10 %.

Pour trois personnes à charge, le taux de réduction de l'impôt est de 15 %.

Pour quatre personnes à charge, le taux de réduction de l'impôt est de 25 %.

Pour cinq personnes à charge, le taux de réduction de l'impôt est de 35 %.

Et ainsi de suite, en augmentant la quotité du taux de 10 % pour chaque personne en sus, sans que le montant total de ces réductions puisse excéder 300 francs pour les impôts cédulaires par personne à charge et 2.000 fr. par personne à charge pour l'impôt général sur le revenu.

Autrement dit, si un contribuable, dont le revenu net global imposable dépasse 10.000 francs, a cinq personnes à sa charge, le maximum de la réduction à laquelle il peut prétendre pour la part de l'Etat de chacun des deux impôts fonciers et pour chacun de ses impôts cédulaires sera de :

$$300 \times 5 = 1.500 \text{ francs}$$

et pour son impôt général la réduction d'impôt ne pourra pas dépasser 2.000 fr. × 5 = 10.000 francs.

Déclaration à effectuer quand le contribuable a des charges de famille. — Pour bénéficier de ces réductions d'impôt au titre des charges de famille, le contribuable doit, en même temps qu'il effectue la déclaration de ses revenus, mais sur une formule spéciale (remise gratuitement sur demande par la mairie, le contrôleur des contributions directes, et à Paris dans les bureaux de poste), mentionner les nom, prénoms, date et lieu de naissance de chacune des personnes qu'il a à sa charge, et indiquer le lien de parenté qui le lie aux dites personnes.

Il est de l'intérêt du contribuable de fournir ces renseignements en même temps qu'il produit au contrôleur des contributions directes sa déclaration à l'impôt général sur le revenu.

Majorations d'impôts

En outre des diverses majorations signalées lors de l'examen des divers impôts cédulaires et de l'impôt général sur le revenu, une majoration est applicable en cas de paiement tardif desdits impôts. La date de l'application de cette majoration, qui est fixée à 10 % sur la part d'impôt restant à payer, est fixée chaque année par décret.

Amendes fiscales. — Tout contribuable convaincu de manœuvres frauduleuses (par exemple tenue d'une comptabilité fictive) en vue de se soustraire à l'impôt, est passible de sanctions pénales prononcées par les tribunaux correctionnels. Ces sanctions sont : l'amende de 1.000 à 5.000 francs, et en cas de récidive dans les cinq ans, l'amende, l'emprisonnement de un à cinq ans, la privation des droits civiques, l'affichage du jugement.

Ces peines, sauf la prison, pourront être appliquées même s'il n'y a pas eu agissements frauduleux, lorsqu'il sera établi que c'est intentionnellement et dans le but de frauder, que le contribuable a omis de faire une déclaration, ou n'a fait qu'une déclaration insuffisante.

Les amendes fiscales comportent une majoration de 30 décimes par franc. Ainsi une amende de 1.000 francs sera portée à 4.000 francs et une amende de 5.000 francs sera portée à 20.000 francs.

Comment réclamer contre l'imposition

Les considérations générales qui vont suivre n'intéressent que les impôts établis par voie de rôle, notifiés par voie d'avertissements et payables chez le percepteur.

Demandes en décharge ou réduction d'impôt. — Lorsqu'un contribuable, même après discussion des bases de son impôt avec le contrôleur et après accord avec ce dernier, estime qu'il est imposé à tort ou encore que les bases de son imposition sont erronées, il peut obtenir la décharge totale ou la réduction de sa cote.

A cet effet, il doit adresser au sous-préfet ou au préfet de son arrondissement une réclamation (sur papier timbré si la cote qui fait l'objet du recours est égale ou supérieure à 30 francs), faisant connaître les motifs du recours et indiquant la commune lieu de l'imposition, ses nom, prénoms et le numéro de l'article du rôle.

Il est établi une réclamation par cote contestée.

Les demandes en décharge ou réduction ne peuvent être présentées qu'après la réception de l'avertissement; elle ne peuvent être utilement examinées par l'Administration que si elles parviennent à la sous-préfecture ou préfecture dans un délai maximum de trois mois à compter du premier jour du mois qui suit la date de publication du rôle. Cette date est indiquée dans la marge gauche des avertissements. Par exemple, si un rôle est publié le 10 juillet, le délai de réclamation court jusqu'au 31 octobre.

Les réclamations sont instruites par le service des contributions directes qui avise les contribuables soit du dépôt de leur dossier à la préfecture ou à la sous-préfecture. Dans ce dernier cas un délai de dix jours francs leur est ouvert à compter de la date de réception de l'avis, pour régulariser leur dossier, présenter de nouvelles observations et faire connaître s'ils désirent recourir à l'expertise, si ce désir n'a pas été exprimé dans la demande primitive.

C'est le conseil de préfecture qui statue sur les réclamations litigieuses. Ses arrêts sont notifiés par les soins des Directeurs départementaux. Les décisions du Conseil de préfecture peuvent être déférées au Conseil d'Etat dans les deux mois de leur notification.

Il est signalé en terminant :

1° Que les réclamations en décharge ou réduction peuvent être présentées *sans frais* sur un registre spécial, ouvert à cet effet à la mairie du lieu de l'imposition, dans le mois qui suit la date de publication des rôles. En cas de rejet, avis en est donné par le contrôleur et un nouveau délai d'un mois est ouvert au contribuable, sans préjudice du délai normal de trois mois pour présenter une réclamation directe au sous-préfet ou au préfet dans les formes exposées ci-dessus.

2° Que lorsqu'il s'agit de cotes imposées à tort, le délai de trois mois ne court que du jour où le contribuable a eu connaissance de son imposition.

Demandes en remise ou modération d'impôt. — Lorsqu'un contribuable est momentanément gêné ou indigent, il peut solliciter de l'Administration soit une modération, soit une remise totale de sa cote. La demande, adressée sur papier libre au sous-préfet ou au préfet n'est soumise à aucun délai.

Les recours en remise ou modération peuvent encore avoir pour objet les majorations d'impôt, les amendes fiscales, ou être motivés par la perte de récoltes, la vacance de maisons, le chômage d'usines, l'incendie, la démolition d'immeubles. Dans ces derniers cas bien spéciaux, tous renseignements au sujet de la forme et des délais auxquels sont assujetties les demandes sont donnés au verso des avertissements concernant les impôts fonciers.

Les demandes en remise ou modération constituent ce que l'on appelle le recours gracieux; sauf le cas d'indigence ou de gêne momentanée elles doivent être présentées sur papier timbré si elles intéressent des cotes égales ou supérieures à trente francs. Elles donnent lieu à des décisions qui ne peuvent, quant au fond, être déférées aux tribunaux administratifs. Il peut seulement être fait appel devant le Ministre des Finances de celles d'entre elles qui sont prononcées par les préfets.

Lorsque les pertes de revenu foncier intéressent une collectivité et qu'elles sont occasionnées par des événements extraordinaires (grêle, gelées, inondations, cyclone, etc.), elles donnent lieu à des demandes collectives de dégrèvement d'impôt établies par les soins des Maires.

Remarque. — En aucun cas les réclamations en matière d'imposition ne doivent être adressées aux percepteurs. Ces derniers qui sont responsables du recouvrement des impôts ne peuvent, en effet, d'accord avec les contribuables et dans la mesure des règlements, que prendre des dispositions pour faciliter le mode de libération du redevable.

Conditions d'exigibilité des impôts directs

Règle générale. — Les impôts cédulaires, l'impôt général sur le revenu, tous les impôts et produits recouvrés comme en matière de contributions directes, sont exigibles en deux fractions égales, payables la première *le 30 avril,* la seconde *le 31 octobre* de l'année pour laquelle l'impôt est dû.

Le non-paiement du premier terme à la date extrême du 31 juillet, ainsi que le déménagement hors du ressort de la perception à moins que le contribuable n'ait fait connaître, avec justifications à l'appui, son nouveau domicile, et la vente volontaire ou forcée entraînent l'[illegible]ilité immédiate de la totalité de l'impôt [illegible] la publication du rôle.

[illegible]pplication d'une majoration d'impôt pour

non-déclaration, déclaration tardive ou insuffisante de revenus et bénéfices imposables, entraîne également l'exigibilité immédiate de la totalité de l'impôt dès la publication du rôle.

Cas particuliers. — Les articles compris dans les rôles publiés postérieurement au 31 juillet sont exigibles en deux fractions égales payables, la première dans le mois qui suit la publication du rôle, la seconde, le 31 octobre de l'année pour laquelle l'impôt est dû. Par exemple, pour un rôle publié en août, la première fraction de l'impôt devra être payée en septembre. Le non-paiement du premier terme dans le délai fixé, entraîne l'exigibilité immédiate de la totalité de l'impôt.

Quant aux articles publiés postérieurement au 30 septembre, ils sont exigibles en totalité dans le mois qui suit la publication du rôle; ainsi pour un rôle *publié* en octobre la totalité de l'impôt est exigible en novembre.

Cas particuliers concernant les locataires de bureaux meublés. — En garantie du paiement des impôts dont elle peut être redevable, toute personne locataire d'un bureau meublé est tenue de verser au Trésor, à la fin de chaque mois, sous la responsabilité du loueur du bureau, et par son entremise, une somme égale à 25 0/0 du prix de location.

Pour la circonstance, tout loueur de bureaux meublés doit produire, dans les dix premiers jours de chaque mois au percepteur des contributions directes du lieu de la situation des bureaux, un état en double expédition indiquant, pour chacun de ses locataires, pendant le mois précédent :

1° Les nom et prénoms;

2° L'adresse de l'habitation;

3° La profession;

4° La date à laquelle a commencé la location, et, le cas échéant, la date à laquelle elle a pris fin;

5° Le prix de location afférent à la période d'occupation pendant le même mois.

En ce qui concerne les locations en cours à l'expiration du mois considéré, l'état indique, en outre :

6° La somme due en consignation par chaque locataire, et calculée à raison de 25 % du prix de location;

Le loueur verse en même temps au percepteur le montant desdites sommes.

Une quittance est délivrée au loueur pour être remise au locataire. Un double de cette quittance est remis au loueur pour lui servir, le cas échéant, de pièce justificative.

Le locataire peut obtenir le remboursement des sommes par lui consignées au cours d'une année déterminée, s'il est reconnu avoir acquitté les impôts dont il est redevable au titre de la même année et de l'année suivante, tant au lieu du bureau meublé, qu'au lieu de son habitation.

La demande de remboursement doit, à peine de forclusion, être adressée au directeur départemental des contributions directes du lieu de la situation du bureau, le 31 décembre au plus tard de la quatrième année qui suit celle du versement des consignations.

Ladite demande doit mentionner la date et le montant des versements auxquels elle s'applique.

Le percepteur retient le cas échéant, la fraction des sommes consignées qui correspond au montant des impôts non acquittés, y compris, s'il y a lieu, les majorations applicables pour défaut de paiement dans les délais légaux. Cette fraction est imputée sur le montant desdits impôts.

Les consignations dont le remboursement n'a pas été demandé dans le délai fixé sont également imputées jusqu'à due concurrence, sur le montant des impôts non payés, le surplus étant versé aux produits du budget.

Enfin, dans le cas où les consignations n'auraient pas été régulièrement effectuées, le loueur serait responsable des impôts dus par le locataire, jusqu'à concurrence des sommes dont la consignation aurait été omise.

CHAPITRE IV

COMMENT PAYER SES IMPOTS

Le contribuable n'a à sa disposition que l'embarras du choix pour se libérer de ses impositions.

En effet :

Il peut s'acquitter en numéraire à la caisse du percepteur désigné sur l'avertissement ou sur l'avis;

Il peut s'acquitter en numéraire à la caisse d'un percepteur résidant dans une autre commune que le percepteur désigné sur l'avertissement, à condition de présenter l'avis ou la feuille d'avertissement;

Il peut s'acquitter par mandat-contribution. Les mandats-contributions, qui bénéficient d'un tarif réduit, sont émis dans tous les bureaux de poste et le récépissé régulièrement établi par la poste tient lieu de la quittance du percepteur. Toutefois, il faut avoir bien soin d'indiquer sur le mandat les numéros des articles du rôle de l'impôt pour lesquels le versement est effectué, ainsi que le nom de la commune dans laquelle le contribuable a été imposé et celui de la perception;

Il peut s'acquitter par chèque barré. Ce chèque peut être extrait de n'importe quel carnet et tiré sur n'importe quelle banque où le contribuable a des fonds déposés. Il doit être établi à l'ordre du percepteur désigné sur l'avertissement, mais sans mentionner le nom de ce comptable. Il doit être *daté* en toutes lettres et barré, c'est-à-dire traversé obliquement par deux lignes parallèles. Il est envoyé par la poste par pli *non recommandé* avec une lettre ou un mot reproduisant les mentions suivantes, qui se trouvent sur l'avertissement : désignation de la perception, nature de la contribution, année sur laquelle elle porte, numéro de l'article du rôle;

Il peut s'acquitter par virement en banque. Pour la circonstance, le contribuable n'a qu'à adresser à la banque où ses fonds se trouvent déposés une simple lettre indiquant la somme à payer, la perception, la nature de l'impôt à payer, l'année sur laquelle elle porte, et le numéro de l'article du rôle;

Il peut s'acquitter par virement sur un compte de chèques postaux. Le contribuable titulaire d'un compte de chèques postaux peut émettre au profit du percepteur un chèque de virement, cette valeur devant être accompagnée d'un avis de crédit, établi sur une formule fournie par la poste et contenant les mêmes indications que s'il s'agissait d'un chèque ou d'un virement en banque. Dans tous les cas, il est indispensable d'indiquer la commune de l'imposition et l'article du rôle;

Il peut s'acquitter par chèque postal. Tout redevable, alors même qu'il n'est pas personnellement titulaire d'un compte courant postal, peut verser le montant de ses impôts directs dans tout bureau de poste, par mandat-carte spécial à inscrire à un compte de chèques postaux. Toutefois, le versement n'est reçu par la poste qu'à condition expresse que l'imputation à donner à la somme versée soit indiquée sur le coupon de mandat du versement. Sont indispensables pour permettre l'imputation les mentions suivantes :

1° Numéro du compte courant postal du

percepteur (lequel est indiqué sur l'avertissement);

2° La commune de l'imposition;

3° Le numéro de l'article du rôle.

Recommandation. — Pour le paiement total des impôts, il y a lieu de porter sur le mandat-contribution, chèque, etc., la somme exacte indiquée sur les avertissements, sans arrondir le chiffre des centimes.

Le récépissé du mandat-contribution, délivré par la poste, le talon du chèque, les écritures de la banque et du bureau de poste, sont une preuve garante pour le contribuable de sa libération envers le fisc.

Cas particulier. — Les personnes locataires d'un bureau meublé sont tenues de verser au Trésor, à la fin de chaque mois, sous la responsabilité du loueur du bureau et par son entremise, une somme égale à 25 % du prix de location. (Voir page 221.)

INDEX

INDEX

ETES-VOUS ouvrier, ouvrière, employé, fonctionnaire, journaliste, domestique, dactylo, comptable, garçon de bureau, garçon de magasin, etc. En un mot, êtes-vous rémunéré au moyen d'un traitement ou salaire?	*L'impôt sur les traitements et salaires.* *L'impôt général sur le revenu.*	VOUS INTÉRESSENT
ETES-VOUS homme de lettres, auteur, avocat, médecin, dentiste, notaire, artiste lyrique ou dramatique, peintre, sculpteur, sage-femme, commissionnaire, intermédiaire, etc...?	*L'impôt sur les professions non commerciales.* *L'impôt général sur le revenu.*	VOUS INTÉRESSENT
ETES-VOUS agriculteur, métayer, fermier, cultivateur, éleveur, etc...?	*L'impôt sur les bénéfices agricoles.* *L'impôt sur les bénéfices industriels et commerciaux.* *L'impôt général sur le revenu.*	VOUS INTÉRESSENT
ETES-VOUS industriel, commerçant; en un mot exercez-vous un commerce, dirigez-vous une industrie, une entreprise?	*L'impôt sur les bénéfices industriels et commerciaux.* *L'impôt général sur le revenu.*	VOUS INTÉRESSENT

ETES-VOUS propriétaire?

L'impôt sur les revenus fonciers, propriétés bâties et non bâties.

L'impôt sur les bénéfices agricoles.

L'impôt général sur le revenu.

VOUS INTÉRESSENT

ETES-VOUS rentier?

L'impôt sur le revenu des créances et capitaux mobiliers.

L'impôt général sur le revenu.

VOUS INTÉRESSENT

ETES-VOUS retraité, pensionné?

L'impôt sur les traitements et salaires.

L'impôt général sur le revenu.

VOUS INTÉRESSENT

TABLE DES MATIÈRES

TABLE DES MATIÈRES

CHAPITRE II

CHAPITRE III

CHAPITRE IV

ACHEVÉ D'IMPRIMER

LE 18 NOVEMBRE 1926
PAR LES
ÉTABLISSEMENTS BUSSON
23, RUE TURGOT, PARIS

www.ingramcontent.com/pod-product-compliance
Ingram Content Group UK Ltd.
Pitfield, Milton Keynes, MK11 3LW, UK
UKHW022054260726
13993UKWH00001B/111